KB050130

한국 정치 리부트

한국 정치 리부트

열광과 환멸의 시대를 이해하는
키워드 12

신진욱×이세영

메디치

3부 이념과 정당

프롤로그

열광과 환멸의 시대

이세영

> 소설은 삶의 외연적 총체성이 더 이상 구체적으로 주어지지 않고 있고, 또 삶에 있어서의 의미 내재성은 문제가 되고 있지만 그럼에도 총체성을 지향하고자 하는 시대의 서사시다.[×]

신이 떠나버린 세계의 서사시. 소설에 대한 죄르지 루카치의 언급 가운데 가장 빈번하게 인용되는 문구일 것이다. 한때 세계에 조화와 통일성을 부여했던 신적 질서(총체성)가 파괴된 뒤, 더 이상 현실에서 찾아볼 수 없게 된 총체성을 새로운 형식을 통해 서사적으로 구현하려는 근대적 시도가 소설이란 얘기다.

루카치는 한 걸음 더 나아가 소설을 '추상적 이상주의'와 '환멸의 낭만주의'라는 두 개의 유형으로 분류한다. 두 유형의 소설은 작품의 분위기와 전개 양상부터가 확연히 다르다. 추상적 이상주의에선 등장인물의 '행동'이 작품 전면에 등장한다. 넓은 외부 세계가 주인공을 위한 모험의 무대가 되는 것이다. 반면 외부

× 죄르지 루카치 지음, 반성완 옮김, 《소설의 이론》, 심설당, 1985.

세계가 좁고 견고해 자아의 어떤 틈입도 허용하지 않는 유형의 소설에선 행동이 사라지고 '내면 묘사'가 작품 전체를 지배하게 된다. 전자의 대표작이 세르반테스의 《돈키호테》라면, 후자의 전형으로 루카치가 꼽는 것은 플로베르의 《감정교육》이다.

《돈키호테》의 주된 정조는 '열광'이다. 루카치의 표현을 빌리면 "자아의 이상을 실현하기 위해 곧장 앞으로만 내달리는" 내면 상태이며, "사악한 힘에 용감히 맞서 싸움으로써 세계를 구원할 수 있다"고 믿는 열정적이고 확고부동한 태도다. 반면 플로베르의 작품에선 '행동'이 아닌 '내면'이 소설의 중심 세계로 부상한다. 이런 결과는 자아가 세계에 자기를 실현하는 것이 원천적으로 불가능하다는 사실을 깨닫고 외부를 향한 행동을 지레 포기하면서 나타난다. 이런 유형의 작품에서 서사의 지배적 정조는 '환멸'이 된다.

20세기 전반기까지 이어진 세계문학은 우리가 보아온 대로 《돈키호테》로 대표되는 '모험소설'에서 《감정교육》식의 '심리소설'로 옮겨왔는데, 이는 서사문학이 처했던 역사(철학)적 상황에 조응한다. 근대 문명의 진전으로 인간의 소외와 세계의 타락이 심화해 가는 것에 때맞춰 서사문학을 지배하는 정조는 '열광'에서 '환멸'로 변모했던 것이다.

서두부터 장황하게 루카치의 소설론을 인용한 것은, 1987년 민주화 이후 한국 정치를 특징짓는 두 개의 지배적 정조 역시 근대소설의 그것과 다르지 않다고 보기 때문이다. 이는 '열광과 환멸의 시대를 이해하는 키워드 12'가 책의 부제가 된 이유이기도

하다. 다만 간과해선 안 될 것은 한국 정치에서 열광과 환멸은 일방향적인 시계열의 흐름으로 나타난 게 아니라, 일정한 주기를 갖고 반복적으로 교대하는 패턴을 보여왔다는 사실이다.

소설이 그리스 서사시를 좇아 추구했던 총체성은 영혼과 삶, 자아와 세계, 개인과 공동체가 조화와 일치 속에 존재하는 미적 균형 상태다. 이런 총체성은 정치가 현실에 구현하려 오랫동안 분투해 온 근원적 이상과도 겹친다. 현대 민주정치에 있어 그것은 사회를 구성하는 다양한 개인과 집단의 요구가 공동체의 의사 결정에 균등하고 조화롭게 반영되는 이상적 정치 상황일 것이다. 무릇 모든 정치체는 각자에 고유한 '서사시적 상황'을 간직하고 있다.

한국 정치에 있어 이 서사시적 상황은 언제인가. 한때는 그것이 해방 공간이라 생각했던 적도 있다. 미숙하고 두서없이 뜨겁기만 했던 그 시절의 내게, 해방 공간은 개인의 서사가 곧 역사가 되었던 위대한 영웅들의 시대였다. 그러나 전쟁이라는 집단 비극을 잉태한 피의 시간이 어떻게 정치가 돌아가길 희구하는 황금시대가 될 수 있단 말인가. 정치부 생활을 8년 남짓 경험한 지금의 판단으로는, 1988년 총선 뒤 18개월 남짓 작동하다 1990년 초 3당 합당과 함께 소멸한 '다당제 여소야대' 국면이 그나마 서사시적 상황의 이념형에 비교적 근접한 것 같다.

그 시기는 1987년 6월 항쟁과 뒤이은 노동자 대투쟁을 거치며 권위주의 정권 시절 억눌렸던 사회적 요구가 도처에서 분출하던 특수 상황이었다. 이념 지형과 느슨하게 결합한 지역 정당 체제가 대선에 이어 치러진 총선에서 드라마틱한 다자 정치 구도를 낳았는데, 어떤 정당도 자신의 의지를 독자적으로 제도 안에 관철할 능력이 부재했던 현실은 경쟁 정당 간의 절충과 타협이 필수적으로 요청되는 역설적 상황을 가져왔다. 이는 실질적인 다자 정치 구도 안에서 당대가 요구한 과거 청산과 사회 개혁 입법들이 격렬한 진통 없이 결실을 본 의도하지 않은 결과를 빚어냈다.

그러나 그 기간은 이제, 산문적인 세속의 권력 질서가 잠시 느슨해진 틈을 타 지상에 홀연히 강림했다 사라진, 시적이고 찰나적인 광휘 속에 도래했던 메시아적 순간처럼 여겨질 뿐이다. 실제로 1990년 이후 '소선거구 단순다수대표제'가 강제한 양당제의 경로 의존성이 심화하면서 1988~1989년의 서사시적 상황은 한국 정치에 더는 등장하지 않았다.

대신 우리가 목도해 온 것은 5년 안팎의 간격으로 반복되어 온 '열광과 환멸의 사이클'이다. 이 사이클이 반복되는 데는 이유가 있다. 민주화의 빗장을 열어젖힌 건 아래로부터 솟구친 대중운동의 거대한 에너지였지만, 민주화 이후 정치적 경쟁 질서의 구축을 주도한 건 기존의 보수·자유주의 정치 엘리트였다. 그 결과 정치사회 외부에는 의회라는 제도 질서를 통해 흡수되지 못한 열정과 에너지가 쌓이게 되었고, 임계점에 도달한 에너지가 특정한 사회정치적 모멘텀과 조우하면 의회라는 대의 시스템을 우회해 폭발적으로 분출되는 상황이 빚어졌던 것이다.

하지만 그 열광의 시간 또한 오래 지속되지 않는다. 통치 세력이 시스템을 정비하고 정치사회 외부에서 쏟아진 요구의 일부를 정치와 정책 의제를 통해 흡수하면 거리의 열기는 언제 그랬냐는 듯 빠르게 냉각되고 치명상을 입은 줄 알았던 통치 질서도 건조한 일상의 회복과 더불어 소리 없이 안정을 되찾았던 것이다. 이때부터는 '환멸의 시간'이다. 그와 동시에 또 한번 억압된 열정과 에너지가 사회 곳곳에 차곡차곡 쌓이기 시작한다. 월경과 폭발적인 재분출의 순간을 기다리면서.

책을 함께 쓴 신진욱과 나의 인연은 30년 전으로 거슬러 올라간다. 둘은 같은 학생 정치조직에 속해 있었다. 한 조직에 있었어도 단과대와 활동 공간이 달라 좀처럼 친숙해질 기회가 없었으나, 우연한 기회에 루카치에 관해 대화하다 급속도로 친밀감을 갖게 되었던 것 같다. 우리를 묶어준 루카치는 사회주의 이론가 루카치가 아닌 《영혼과 형식》, 《소설의 이론》을 쓴 청년 에세이스트 루카치였다.

학부를 졸업하고 대학원에 진학한 우리는 한 스승 밑에서 배우고 생활하며 서로의 관심사를 폭넓게 공유했다. 그 시절 우리가 공부했던 것들은 마르크스와 그람시, 하버마스와 푸코, 부르디외와 월러스틴의 이론이었다. 하지만 우리의 인연을 이어준 청년 루카치의 낭만적 반자본주의에 대한 호감과 아마도 각자의 소년 시절로 거슬러 올라갈 문학에 대한 밑도 끝도 없는 경외심은, (적어도 내겐) 서로의 공간이 한국과 독일, 언론사와 대학으로 갈린 뒤에도 긴밀한 우정과 친구에 대한 존경심을 각별하게 유지시킨 정서적 밑거름이었다.

책은 나와 신진욱이 정치 현안과 관련된 물음을 번갈아 던지는 방식으로 주간지 《한겨레21》에 1년 남짓 연재했던 릴레이 칼럼을 손질해 묶은 것이다. '휘발성 강한 정치 이슈를 다루되, 이슈와 함께 휘발되어 버리는 글이 되어선 안 된다'는 원칙 아래 벌인 일이었으나, 각각 학교와 신문사에서의 본업과 병행해야 했던 집필 작업이었기에 전반적인 진행 자체가 수월하지는 않았다. 여기 실린 글들이 이 열광과 환멸의 시대를 헤쳐나가는 데 '불확실하면서 깜박이는 약한 불빛'이라도 되었으면 좋겠다.

학생 때도 그랬지만, 신진욱은 과문한 데다 염세적이기까지 한 내가 방탕과 허무의 나락에 빠져들지 않게 끊임없이 삶과 글로써 긴장감을 불어넣었다. 쉰이 넘어 마음 통하는 30년 지기와 함께 글을 쓸 수 있다는 건 누구에게나 쉽게 허락되지 않는 축복이다. 책을 낼 기회를 제공해 준 메디치미디어, 성실하고 명민한 황정원 편집자에게도 감사의 마음을 전한다.

> 우리는 가장 어두운 시대에도 밝은 빛을 기대할 권리를 가지고 있다. 그리고 그러한 밝은 빛은 이론이나 개념에서 나오는 것이 아니라 오히려 불확실하면서 깜박이는 약한 불빛에서 나올 수 있다.[×]

× 해나 아렌트 지음, 홍원표 옮김, 《어두운 시대의 사람들》, 한길사, 2019.

지역주의와 계급 균열

랜덤 정치

민주주의와 자유

촛불과 태극기

미디어

포퓰리즘

1부 갈등과 통합

키워드 1 균열과 통합

키워드 2 정치 양극화

키워드 3 지역주의와 계급 균열

키워드 4 세대론

두 얼굴의 야누스

신진욱

이세영의 질문 많은 사람이 지금 우리나라 정치 갈등의 심각성을 우려하고 있다. 하지만 민주주의 정치는 갈등을 회피하지 않고 드러내는 것인 만큼, 갈등을 무조건 나쁘게 보는 것도 일면적이다. 정치에서 갈등과 통합을 어떻게 봐야 하는가?

오늘날 한국인이 한국 사회에서 가장 심각한 갈등이라고 생각하는 것은 무엇일까? 지난 몇 년간의 인식 조사들을 보면 '정치·이념 갈등'과 '계층 갈등'의 심각성이 일관되게 나타나고 있다.

한국행정연구원이 매년 수행하는 '사회통합실태조사' 자료에서 '갈등이 심하다'는 응답의 2013~2021년 평균값을 내보면 다양한 사회 갈등 중 '빈곤층과 중산층' 갈등이 86.45%, '보수와 진보' 갈등이 86.55%로 동률에 가깝게 가장 높다고 나타났다. 한국인은 이러한 갈등들이 세대 갈등(64%)이나 남녀 갈등(46%)보다 훨씬 심각하다고 인식하고 있었다.

이러한 국민들의 갈등 인식을 보면 자연스레 묻게 된다. 과연 우리 사회는 계층 격차 문제를 더 잘 해결하기 위해 정치적, 이념적으로 대립하고 있는 것일까? 그게 아니라면 한국의 정치인들은 대체 무엇을 위해 싸우고 있는 것일까?

이 지점에서 우리는 과연 정치에서 '갈등'이란 무엇이며, 사회의 '통합'이란 무엇인지 생각해 보게 된다. 한국 사회의 갈등이 심각하다는 것은 다들 인지하고 있다. 정치 양극화로 나라가 두 쪽 났다는 우려도 있고, 정치인이 '갈라치기' 한다는 비판도 많다. 맞는 말이다. 그런데 갈등 자체가 문제일까? 이 사회는 이미 너무 다른 세계들로 갈라져 있는데 말이다.

20세기 정치학의 대가 중 하나인 모리스 뒤베르제Maurice Duverger는 《정치란 무엇인가》에서 정치는 권력을 장악하여 지배하기 위한 투쟁인 동시에, 또한 일반 이익과 공동선을 보장하는 수단임을 강조했다. 그는 이 두 측면의 공존과 연계가 바로 정치의 본질이며, 그래서 두 얼굴을 가진 야누스의 상이야말로 국가의 상징임이 틀림없다고 했다.

역사적으로 이 양면성은 조화롭게 어울리기는커녕 언제나 정치의 근본 문제였다. 사회학자 라인하르트 벤딕스Reinhard Bendix는 《왕이냐 인민이냐》(*Kings or People: Power and the Mandate to Rule*)에서 고대국가의 폭압적인 통치자들에게조차 신神이나 민民의 위임을 받은 공동체의 수호자로서 통합력을 인정받는 것이 얼마나 중요하고도 어려웠는지를 보여줬다. 현대 민주주의 체제에서도 당파들은 권력을 얻기 위해 반대 당파와 투쟁하면서도, 정치 공동체의 '보편 이익'을 각자 방식으로 정의하고 사회 갈등을 조정해 낼 수 있어야 한다.

변화된 자본주의의
새로운 갈등

그런 통합의 힘은 평화로운 동의의 기반 위에서 탄생하지 않는다. 모든 문명사회에서 정치권력의 중심부는 정통과 이단 간의 격렬한 투쟁의 결과로 결정되었고, 낡은 권력의 붕괴와 새로운 권력의 탄생 역시 그러한 갈등을 통해 일어났다. 그런 의미에서 갈등과 대립 자체가 사회를 해친다는 생각은 타당하지 않다. 갈등을 드러내지 못하는 평화처럼 무서운 폭력이 어디 있는가?

그러므로 관건은 갈등의 존재 여부가 아니라 어떤 갈등이 지배하고 있으며 갈등이 어떻게 다뤄지느냐다. 여기서 결정적인 것이 정치의 역할이다. 미국의 정치학자 샤트슈나이더E. E. Schattschneider는 《절반의 인민주권》에서 민주주의 사회가 존속하는 것은 수많은 잠재적 갈등에 우선순위를 부여하여 갈등을 관리하는 일이라고 설명한다. 그는 정치가 싸구려 잡화점에서 물건을 사는 일이 아닌 배우자를 선택하는 일에 가깝다고 비유했다.

정당의 의무는 사회의 가장 중요한 문제들을 포착해 진단과 해법을 명료히 함으로써 갈등을 가시화, 구체화하고 제도화하는 일이다. 만약 정당이 사회의 중요한 갈등에 무관심하거나 갈등의 본질을 정의할 능력이 없다면 그 사회에서는 많은 억눌린 갈등이 누적되어 갈 것이다. 반대로 정당이 수많은 갈등에 불을 붙여 분노의 에너지로 권력을 꾀한다면 그 사회는 증오의 불로 타버릴 것이다.

이런 면에서 지금 많은 나라의 정당들은 변화된 자본주의의 새로운 갈등을 포착해 문제 해결을 위한 다수의 지지를 조직하는 데 어려움을 겪고 있다. 소득 불평등 심화, 비정규직 증가, 플랫폼 노동, 주택 가격 폭등과 주거 빈곤, 부동산 불평등 확대 등 다양한 종류의 경제적 불안정과 다중 격차 문제가 점점 심해지는데, 정치의 대응 능력은 이를 따라가지 못하는 현실이기 때문이다.

《21세기 자본》으로 잘 알려진 경제학자 토마 피케티Thomas Piketty는 최근 저작인 《자본과 이데올로기》에서 오늘날의 정치 지형을 '다중 엘리트 체제'로 규정하고 그 위험성을 경고했다. 경제적 불평등은 심화하는데 정치에서는 좌우 엘리트 집단의 폐쇄된 지배 체제가 구축되어서, 고학력 진보 유권자에 기반을 둔 '브라만 좌파'와 경제적 상층을 대변하는 '상인 우파'가 서로 정권을 주고받는 식이 되었다는 것이다.

이런 현실에선 노동계급과 불안정한 중간계급의 이익을 대변해 줄 정치 세력이 없다. 그래서 하층계급의 정치 불신이 깊어지며, 권위주의나 우익 포퓰리즘, 민족주의나 종교적인 정체성 정치와 같은 세력이 성장할 공간이 생성된다. 프랑스 국민전선(FN)이나 스웨덴 민주당(SD)의 복지 내셔널리즘, 독일대안당(AfD)의 반이민·반난민 선동, '서양의 이슬람화에 반대하는 애국 유럽인'(PEGIDA) 운동 등이 그런 예다.

진공 또는 공백에서 나온 우익 정치 세력

이런 상황은 무엇보다 새로운 사회 갈등과 오래된 정당 간의 부조응에서 초래된 '진공' 또는 '공백'에서 시작되었다. 경제학자 조지프 스티글리츠Joseph Stiglitz는 《세계화와 그 불만》에서 중도 좌우 정당이 노동자와 하층민을 방어해 주지 않는 상황에서 트럼프나 마린 르펜Marine Le Pen 같은 우익 세력이 그 진공眞空을 메우려고 몰려들었다고 설명했다. 이렇게 아무도 대변해 주지 않는 곳에서 위험한 대변자의 권력이 싹튼다.

그렇다면 기성 정당들은 왜 새로운 사회 현실에 부응하지 못하는 것일까? 사회학자 콜린 크라우치Colin Crouch는 《포스트 민주주의》 이론에서 이 질문에 대한 대답을 모색했다. 여기서 포스트 민주주의(post-democracy)란 민주주의 제도의 형식은 유지되지만, 정치권력이 경제 권력과 결탁하면서 그 민주적 대표성을 대중으로부터 의심받는 상태를 뜻한다. 이는 정당들이 사회 계급들로부터 유리됨을 뜻한다.

정당과 사회의 그와 같은 분리는 어느 날 갑자기 능력 있고 양심 있는 정치인들이 사라져서 생긴 일이 아니다. 더 구조적인 문제는, 많은 자본주의사회에서 계급 구성과 갈등 구조가 크게 변하면서 기존 정당들이 누구와 누구를 규합하고, 누구와 다퉈야 할지 혼란스러워한다는 데 있다. 비정규직 문제가 심각하다면 누가 그들의 적인가? 거대 자본인가, 모든 기업인가, 정규직 노동자인가, 좌우 기득권층인가, 외국인인가, 기성세대인가.

19~20세기의 산업자본주의 시대에 정당들의 갈등과 경쟁에서 가장 중요했던 것은 계급 균열이었다. 사회민주당, 사회당, 노동당 등 다양한 명칭으로 노동계급을 대변한 정당들이 한편에 있었다면, 그 반대편에는 자본가와 중산층을 주로 대변하는 보수 정당들이 있었다. 그런데 이제는 그런 거대 균열의 시대 환경이 바뀌었다. 자본과 노동, 지배층과 민중으로 단순히 나눠서 정당이 어느 한쪽을 조직하고 대변하기 힘든 사회 환경이다.

'분배냐 정체성이냐'
상투적 이분법을 넘어야

전통적으로 좌파 정당의 사회적 기초였던 제조업 노동자의 비중은 축소되었고 증가하는 서비스 노동자는 공장노동자와 다른 노동환경에 놓여 있다. 또한 고학력 화이트칼라 집단이 증가했는데 이들의 정치 성향을 하나로 규정할 수 없어서 신우파와 신좌파가 다 여기서 나온다. 보다 최근에는 종속적 자영업자, 플랫폼 노동자, 긱gig경제 종사자 등 다양한 방식으로 정의되는 새로운 집단도 늘어나고 있다.

이처럼 복잡하고 유동적인 갈등 관계를 특징으로 하는 새로운 환경에서는 정당들이 '51%'의 다수를 구성하기 위해 어떤 갈등을 부각할지, 누구를 대변하고 누구와 다툴지를 분명한 노선으로 정립하기 어렵다. 특정 사회집단을 대표해 온 전통적인 정치는 거기에서 배제되는 다른 많은 집단을 잃는 데 반해, 오히려 이질적 집단들을 유연하게 접합하는 '포퓰리즘'의 정체성 정치가 힘을 얻는다.

그러므로 새로운 시대 환경에서 노동자·농민과 진보적 중산층을 주축으로 하는 진보 정치의 전통을 계승하면서 혁신을 달성하려면 '분배 정치냐? 정체성 정치냐?'라는 상투적 이분법을 넘어서는 관점이 요구된다. 정체성 정치 없이 단지 분배 정치만 하면 되는 명확한 이해관계의 균열 구조가 지금은 존재하지 않는다. 반대로 분배 정치가 없는 정체성 정치는 고학력 중산층의 문화정치에 불과할 것이다.

오늘날 한국 정치는 이 모든 21세기의 보편적 문제 상황을 갖고 있지만, 한국의 특수한 역사와 문화가 거기에 보태진다. 민주화 이후 유권자 균열은 처음엔 지역주의 성격이 강했고 안보 이슈의 영향이 컸지만, 2000년대 들어와서는 세대와 가치에 따른 갈등이 중첩되었다. 보다 최근에는 자가 보유 여부, 자산 규모 등 계층 균열도 커지고 있고 청년층의 경우 성별에 따른 사회의식 및 정치 성향의 차이도 크다.

의제의 다양성이 커진다는 점도 오늘날 한국 정치가 직면한 큰 도전이다. 최근 많은 인식 조사에서 한국인 다수가 계층 갈등과 이념 갈등을 가장 심각하게 보고 있다는 결과가 나오지만 젠더와 페미니즘, 성소수자 인권, 한일 관계, 대북 관계 등 다른 이슈들의 점화력이 그보다 약하지 않다. 노동 이슈에서 진보인 사람이 페미니즘 이슈에서도 반드시 그런 것은 아니며, 그 반대도 마찬가지다.

이처럼 오늘날 정치가 응답해야 할 사회적 균열의 축은 하나가 아니다. 그런 가운데 승자 독식 정치제도와 거대 양당 대결 구조에 갇혀 있는 한국 정치는 이 새로운 시대 환경에 응답할 자기 혁신을 이루지 못했다. 그 대신에 그때그때 정치 공세와 단기적인 지지층 확대에 필요한 방향으로 집단적 증오를 증폭하는 기술만 늘고 있다. 정치가 갈등을 진단하고 해결하는 역할을 하는 것이 아니라 파괴적 갈등의 온상이 된 것이다.

젠더? 세대? 잘 갈라쳐 봅시다

이세영

신진욱의 질문 지금 한국 사회에서 대결 정치의 폐해가 크다. 사람들을 서로 적으로 돌려서 자기편을 결집하는 이른바 '갈라치기'에 대한 비판도 많다. 하지만 사회의 중요한 쟁점을 놓고 다투고 경쟁하는 게 정치다. 그럼 제대로 된 갈라치기란 무엇일까? 지금 한국 정치의 문제는 정확히 어디에 있는 걸까?

정치 기사에 '갈라치기'란 용어가 빈번하게 등장한다. 선거철에는 그 빈도가 더욱 잦아진다. 지난 20대 대선 당시 더불어민주당은 국민의힘 후보를 겨냥해 "젠더 갈라치기, 세대 갈라치기를 그만두라"고 윽박질렀고, 국민의힘은 민주당 후보를 향해 "표를 얻으려 국민을 갈라치지 말라"고 맞받아쳤다. 갈라치기 논란은 문재인 전 대통령이 박근혜 전 대통령을 사면한 2021년 말에도 있었다. '이명박은 가둬두고 박근혜만 사면한' 대통령의 결정을 두고 당시 야당은 "선택적 사면으로 야권 분열을 노린 갈라치기"라고 맹비난했다. 기실 역대 대통령치고 '국민을 갈라치기 한다'는 비판을 듣지 않은 이는 드물다. 문 전 대통령 역시 임

기 중반을 넘긴 시점부터 "국민을 적과 동지로 갈라쳐 대중 독재를 꾀한다"는 보수 논객들의 비난에 시달렸다.

분할해 지배하는 식민 지배 기법

갈라치기는 원래 바둑 용어다. 넓게 펼쳐진 상대의 진 중앙에 돌을 놓아 상대의 운신을 제한하는 공격 전술이다. 물론 같은 의미를 가진 정치 용어는 전에도 있었다. '분할해 지배한다'는 뜻의 '디바이드 앤 룰divide and rule'이다. 피지배층 내부의 민족 감정·종교·경제적 이해관계 등을 이용해 긴장과 갈등을 일으켜 통일된 저항 행동을 사전에 봉쇄하는 통치술이다. 고대 로마제국부터 현대 제국주의 국가에 이르기까지 효과적인 식민 지배를 위한 통치 기예로 활용되었다. 이런 지배 기법은 식민지뿐 아니라 내치와 조직 관리의 영역에서도 빈번히 구사되는데, 집권한 보수 세력이 지역 갈등 구도를 조장해 계급·계층 갈등을 억누르는 것, 사용자가 복수 노조를 활용해 노동운동의 힘을 약화하려는 시도 등이 여기에 속한다.

오랫동안 '분할 지배', '분리 통치'로 옮겨 사용되던 이 말은 국내에선 2000년대 초반부터 '갈라치기'란 용어로 대체되기 시작했다. 갈라치기를 공식 석상에서 정치적 용법으로 처음 사용한 건 노무현 전 대통령이다. 민주당 대선 후보 시절이던 2002년 11월, 단일화 협상을 벌이던 정몽준 국민통합21 후보 캠프가 단일화 방안으로 대의원 여론조사를 제안하자 "우리 당은 지난 (대선 후보) 경선 후 많은 대의원이 (결과에) 불복하고 내게서 등을 돌렸다. 이런 옳지 않은 불복을 활용해서 당을 '갈라치기' 하겠다는 것이냐"고 받아쳤다.

노 전 대통령은 이 말을 대통령 임기 반환점에 즈음해 청와대 출입 기자들과 한 오찬 간담회(2005년 10월 30일)에서 다시 한 번 사용했다. 그는 당시 논란이 된 '대연정 제안'×의 배경을 설명하며 "국민들이 편을 갈라 싸우는 문제는 정치권이 거의 해결하지 못하면서, 정치인들은 국민을 필요에 따라 '갈라치기' 하고 지역감정을 부추긴다"고 목소리를 높였다. 이후 갈라치기는 여와 야, 진보와 보수를 막론하고 '교묘한 이간질로 상대 진영을 분열시켜 반사이익을 취하려는 비열한 정치 술수'를 지칭하는 것으로 의미가 굳어졌다. '선거의 여왕'으로 불린 박근혜 전 대통령 역시 '갈라치기의 고수'란 평가가 따라붙었다.

그러나 정치, 특히 선거 영역에서라면 갈라치기를 마냥 부정적으로 바라볼 일은 아니다. 갈라치기는 정치의 본질과도 밀접하게 관련된 전략적 행위이기 때문이다. 나치의 '계관 법학자' 카를 슈미트Carl Schmitt는 정치에 관한 한 '악마적'일 만큼 차가운

× 2005년 6월 당시 노무현 대통령이 제안한 열린우리당(더불어민주당 전신)과 한나라당(국민의힘 전신)의 연립정부 구성안이다. 현 소선거구제(한 선거구에서 1명만 뽑는 선거제)에서 중·대선거구제(한 선거구에서 2명 이상의 당선자를 뽑는 선거제)로 선거제도를 바꾸는 걸 한나라당이 동의해 준다면, 내각을 구성할 수 있는 국무총리를 포함한 장관 임명권을 한나라당에 넘기겠다는 제안이었다.

현실주의자였다. 그는 도덕적인 것과 미학적인 것이 각각 '선과 악', '미와 추'의 대립에 기초하듯, 정치적인 것은 '적과 동지'의 구별을 지반 삼아 작동한다고 봤다. 여기서 적은 '사적인 경쟁 상대'가 아니라 '공적인 투쟁 대상', 관념이나 가상의 존재가 아니라 현실의 힘으로 작동하는 존재다. 공통의 경제 이익에 따라 결속한 기업연합이나 노동조합도, 서로가 상대를 적으로 규정해 투쟁에 돌입하는 순간 정치적 세력이 된다는 뜻이다.

5년 주기로 벌이는 합법적이고 제한적인 내전

현실의 공적 담론에서 슈미트식 정치 인식은 철저히 배척된다. 불화와 갈등으로 점철된 현실의 정치판도, 공적인 담론 영역으로 옮겨오는 순간 '대화와 토론으로 이견을 좁혀 공통의 이해와 이익을 찾아가는 합의의 과정'으로 '과잉 이상화'되는 탓이다. 2022년 1월 3일 문재인 대통령의 임기 마지막 신년사에 등장한 선거 관련 언급도 마찬가지다. 정치에서 '선의'의 중요성을 줄곧 역설해 온 대통령답게, 이번에도 문 대통령은 "적대와 증오와 분열이 아니라 국민의 희망을 담는 통합의 선거가 되기를 바란다"고 했다. 진영 간 총력전에 가까운 대선까지도 '통합의 이벤트'로 치르기를 바라는 건 그의 진심일 터이다. 그러나 '통합의 선거'가 현실 정치에서 실현할 수 있는 것인지에는 정치와 선거판의 생리를 조금이라도 이해하는 이들은 대체로 회의적이다.

대통령제 국가에서 최상위 권력의 향배를 가르는 대선은 사회 전체의 갈등적 에너지가 응집되는 열정의 쟁투장이다. 전략과 인적 자산, 자금, 조직, 담론, 정책 자원이 총동원된다. 정당과 후보를 중심으로 결집한 진영과 진영이 공직과 재정, 정책 수단의 점유권을 두고 5년 주기로 벌이는 합법적이고 제한적인 내전인 셈이다. 이런 내전에도 다른 전쟁과 마찬가지로 승자와 패자가 있다. 승리는 더 많은 유권자 집단을 자기편의 경계 안으로 끌어가는 쪽에 돌아간다. 그러니 전략적 선 긋기, 정교한 갈라치기가 필수다.

갈라치기가 성공하려면 우리 편의 동요는 최소화하되 상대편 이탈자를 늘려 우리 편의 크기를 최대로 키워야 한다. 가장 좋은 선택은 기존 전선 대신 새로운 전선을 짜는 것, 현행 갈등 구도를 대체할 새로운 갈등 프레임을 만들어 내는 것이다. 정치적 갈등이 지역이나 인종적 차이를 중심으로 형성되었다면, 산업·노동·복지 분야 이슈를 중심으로 갈등 구도를 재편해 정치적 대결이 '지역 대 지역', '인종 대 인종'이 아닌 '부자 대 가난한 자'나 '노동 대 자본', 또는 '대자본 대 중소상공인'의 전선을 중심으로 형성되게 하는 것이다. 1930년대 미국 민주당의 '뉴딜 프로젝트'가 여기에 속한다.

뉴딜의 핵심은 산업화된 동북부 기반의 공화당과 농업 중심의 남부를 텃밭 삼은 민주당의 지역 갈등 구도를 법령과 공공 정책을 통해 사회경제적 약자 대 기득권층의 대결 구도로 전환해 안정적인 다수파 연합을 구성하는 데 있었다. 이를 위해 빈곤층을 겨냥한 공공 일자리 정책과 독점기업·금융자본에 대한 규제, 흑인과 이민자 등 소수자의 권리 확대 정책이 대대적으로 펼쳐졌다.

강화된 갈등 강도, 달라지지 않은 갈등 구도

물론 정치의 목표는 '사회 통합'이 아니냐고 반문할 수 있다. 하지만 근대 국민국가 출현 이후 완전체에 가까운 통합을 달성한 경우는 나치 같은 전체주의 국가 말고는 없었다. 현실은 '조화와 통합'을 지향하는 어떤 사회도 그 이상을 현실에 구현하기란 불가능에 가깝다는 사실을 보여준다. 공동체를 이루는 구성원들의 성향과 기호, 직업, 이해관계가 각기 다른 이상, 내부의 긴장과 균열, 갈등은 필연적으로 발생할 수밖에 없기 때문이다.

간과해선 안 될 점은 갈등이 사람들을 분열시키는 동시에 통합한다는 사실이다. 갈등이 격렬해질수록 적대하는 두 진영의 내적 통합은 오히려 강화된다. 통합과 분열은 갈등이라는 동일한 과정의 일부인 것이다. 내적 통합은 공통의 적, 다시 말해 '우리'가 맞서 싸울 '그들'이 누구인지를 규정하는 것, 갈등의 전선을 명확히 긋는 것에서 시작한다. 갈등과 적대의 존재를 부정하면서 합의와 통합만을 말하는 것은 허위이자 기만이다.

선거는 이런 갈등이 조직되어 합법적으로 표출되도록 하는 경합의 공간이다. 경합에서 승리한 '상대적 다수'의 의지는 공공

정책이란 형태로 공동체 전체에 실현되고 관철된다. 경합에서 패배한 세력에게 주어지는 대안은 두 가지다. 부단히 상대의 단점과 취약점을 폭로해 상대편 지지자들의 이탈을 촉발하거나, 새로운 갈등으로 기존 갈등을 대체해 정치적 공간을 완전히 다른 방식으로 분할하는 것이다. 유럽의 우파 포퓰리스트 정당들이 이민자, 소수 인종, 난민 집단을 국민적 정체성을 훼손하는 공동의 '적'으로 규정함으로써 신자유주의 세계화의 피해 계층을 '국민주의' 이데올로기로 동원하는 것과 같은 방식이다.

우리 현실은 어떤가. 촛불이라는 국민적 열망 위에 탄생한 문재인 정부의 좌절은 민주화 이후 어렵게 합의해 온 정치적 가치의 동요와 균열을 한층 심화했다. '그놈이 그놈'이라는 허무의 토양 위에 피어나는 것은 "윤석열 집권은 최순실 공화국의 부활", "이재명은 나라를 거덜 낼 파시스트" 같은 저열한 협박과 협잡의 언어들이다.

갈등의 강도는 강화되었지만, 갈등의 구도는 지난 대선도 과거와 크게 다르지 않았다. 국민의힘은 '이념·지역'이라는 갈등의 기본 축 위에 '공정 대 반칙', '자유민주주의 대 약탈적 포퓰리즘'이란 보완적 갈등 이슈를 더해 '정권교체론'의 전선을 적의 종심(진지에 가까운 곳을 가리키는 군사 용어—편집자 주)으로 확장하려 했다. 이에 맞선 더불어민주당의 선택은 '부패·특권 카르텔 대 촛불 개혁 세력'이라는 5년 전 갈등 축을 유지하되 자산계급과 중산층의 관심 이슈인 조세와 부동산, 종교계와 20대 남성 집단이 민감하게 반응하는 정체성 이슈로 '중원 이동'을 감행

함으로써 '조국 사태' 이후의 세력 이탈을 상쇄하려고 했다.

확실히 말할 수 있는 건 양쪽 모두 새로운 갈등 이슈를 던져 유권자 집단을 효과적으로 갈라치는 데 실패했다는 사실이다. 그러니 기존 정치적 균열선을 그대로 둔 채 포지션을 중앙으로 이동시키거나, 상대의 약점과 실수 등 비정책적 열세를 드러내는 제로섬 네거티브 게임에 집중할 수밖에 없었다. 하지만 이런 방식은 기껏해야 제한된 '전향 지지층'을 확보할 수 있다는 점에서 한계가 뚜렷했다. 게다가 이렇게 확보한 이탈층도 시간이 흐르면 관망적 중립지대나 애초 속해 있던 진영으로 복귀할 공산이 컸다. 실제 우리는 대선이 끝난 뒤, 전선 교착 상태에서 펼쳐지는 소모적 고지전을 줄곧 목격하고 있다.

염두에 둘 진실은 이것이다. 정치는 늘 '통합'을 당위로 외치지만, 현실의 우리는 항구적 '전쟁 상태'에 있다는 것. "전선은 지속적·영구적으로 사회 전체를 관통하고 있으며, 우리 각자를 한 진영 또는 다른 진영에 위치시킨다"(미셸 푸코Michel Foucault)는 것. 이런 상황에서 모든 인간은 필연적으로 누군가의 대적자가 된다. 이 차돌 같은 현실을 있는 그대로 인정하는 지점에서 정치는 시작한다.

다시 도래한 종말론의 시간

이세영

신진욱의 질문 2021년 대선의 마지막 국면을 지배한 것은 '정치적 파국'의 도래를 경고하며 지지자들을 결집하는 '공포와 동원'이었다. 더불어민주당도, 국민의힘도 자신들의 패배가 독재와 전체주의의 부활을 불러올 것이라고 목소리를 높였다. 왜 선거 때마다 이런 양상이 반복되는가?

> 그자는 지금 어떤 힘에 붙들려 있습니다. 그러나 제때가 되면 나타날 것입니다…… 그 악한 자를 붙들고 있는 자가 없어지면, 그때는 그 악한 자가 완연히 나타날 것입니다.[×]

'5년 주기 내전'인 대한민국 대선에서 레이스의 종반부를 지배하는 건 대체로 세상의 끝, 말세의 언어들이다. 20대 대선도 예외는 아니어서, 여야의 힘센 후보들은 어김없이 경쟁 상대의 승리가 만들어 낼 재앙적 미래상을 열거하며 흩어진 지지자를 불러 모으는 데 열심이었다. 임박한 종말의 풍문이 신흥종교 열성

× 사도 바울, 〈데살로니가 교회에 보낸 두 번째 서신〉 중에서.

신도들을 가산 헌납과 세속과의 관계 단절이란 극단 행동으로 이끄는 것처럼, 정치적 대파국에 대한 두려움 앞에선 오랜 경험과 학습으로 다듬어진 시민의 정치 이성도 속절없이 무장해제되었다. 이제껏 경험하지 못한 막장 세계가 펼쳐질 수 있다는데 점잔 빼고 눈치 보고 망설일 이유가 어디 있단 말인가.

모두가 파멸을 예고했다. 더불어민주당 정치인들은 "정치 검찰과 결탁한 적폐 세력의 무자비한 보복으로부터 문재인 대통령을 지켜야 한다"고 말했다. 윤석열 대통령은 후보 시절 "이 나라를 사회주의국가로 만들려는 정신 나간 소수에게 미래를 맡겨서야 되겠느냐"고 맞받아쳤다.

여야의 유력 후보 진영에서 매일같이 쏟아냈던 저 날 선 언어들은 하나같이 각자의 현실에서 묘사 가능한 최악의 재난 상태를 가리킨다. 차이가 있다면 더불어민주당이 상상하는 파국이 '문재인'이라는 정치적 인격의 총체적 수난으로 그려지는 것과 달리, 국민의힘이 이야기하는 재난은 '자유민주주의 시장경제'라는 정상 상태의 종언으로 선언된다는 정도다. 한편에서 윤석열 세력의 집권이 '증오와 복수심에 불타는 무뢰배의 반혁명'을 뜻했다면, 다른 편에서 이재명의 당선은 '상식과 인륜을 압살하는 좌파 지옥'의 도래를 고지하는 파멸적 사건이었다.

세계의 대파멸을 예고하는 종말론은 인류사와 함께해 온 유서 깊은 신앙 담론이다. 종말 신앙을 가장 체계적으로 발전시킨 것은 유대교의 이단 분파로 출발한 기독교다. 오랜 유랑과 노예생활을 통해 종족 멸실의 위기를 체험한 유대인은 그들이 겪는 고난의 끝을 메시아의 도래와 일치시키는 고유의 세계관을 완성했다. '메시아주의'로 불리는 유대교의 종말 사상은 불행과 고난으로 점철된 현 체제의 질서가 무너진 뒤 심판의 시간과 함께 올 새 세계에 대한 유토피아적 열망이 담겨 있다.

기독교는 그리스도의 재림을 '세계사의 종말'이자 '영원한 삶'(구원)의 시작점에 위치시킴으로써 유대교의 메시아주의를 '역사적 종말론'으로 확장했다. 이로써 역사에는 시작과 끝이 있다는 관념이 강화되고, 역사적 사건들의 배경에는 구원을 향한 신의 계획(섭리)이 작동하며, 역사는 영원한 것도 순환하는 것도 아닌, 종말과 구원이라는 궁극의 목적을 향해 움직이는 직선적이고 유한한 과정으로 재해석되었다.

이런 기독교의 종말 사상은 현대 사상과 정치에서 다양한 형태로 변주된다. 세계사를 '물질적 풍요'와 '자유의 실현'이란 목적지를 향한 점진적 발전 과정으로 파악했던 20세기 근대화론은 말할 것도 없고, 현실에 미만한 불의·억압과의 투쟁을 통해 고통의 역사로부터 해방을 추구하는 급진주의 정치 운동 역시 마찬가지다. 종말은 이제 파멸이나 몰락이 아닌 결핍과 폭력, 참상으로 얼룩진 현행 질서와의 급진적 단절(해방)이란 의미로 세속화된다.

행복의 이미지 대신
파국의 이미지

그러나 세속화된 종말 사상에 해방적·유토피아적 판본만 있는 게 아니다. 반동적이고 억압적인 판본 역시 존재한다. 여기서 종말은 일차적으로, '해방과 구원의 유토피아'가 실현되기 전 필연적으로 거쳐야 하는 '폭력과 무질서의 혼돈 상태'로 사유된다. 이런 사고는 기독교 종말 사상에 내재한 '적그리스도Anti-Christ'(거짓 그리스도) 관념에서 기원한다.

사도 바울의 서신을 비롯한 성서의 몇몇 문서는 그리스도의 재림에 앞서 그를 참칭하는 '거짓 그리스도'가 나타나 사람들을 미혹하며 악을 행하다가 마침내 재림한 진짜 그리스도에 의해 파멸을 맞게 된다고 예언한다. 이때 바울은 '적그리스도의 출현을 억누르는 힘'도 함께 언급하는데, 예수가 약속한 종말이 지연되는 것은 세계에 혼돈과 무질서를 가져올 적그리스도의 등장을 누군가 필사적으로 막고 있기 때문이라는 논리다. 그가 바로 '카테콘Katechon'(억제하는 자)이다. 중세 신학은 이를 '가톨릭교회'와 '기독교 세속 국가'로 해석했고, 훗날 카를 슈미트는 제1차 세계대전이 서구 문명에 드리운 종말의 공포 속에서, 적그리스도와 카테콘에 대한 중세적 해석을 '독재'를 정당화하는 반혁명의 정치 신학으로 발전시켰다.

선거 때마다 종말론적 정치 담론이 횡행하는 건 정치 자체에 내장된 속성 때문이기도 하다. 정치권력의 향배가 선거에서 드러난 유권자의 지지 정도에 의존하는 한, 권력을 쥐려는 개인이나 세력은 유권자에게 핵심적인 두 가지를 보여줄 수 있어야 한다. 하나가 그들이 현실에 구현하리라 약속하는 '행복'(구원)의 이미지다. 그것은 현실의 결손 상태를 바로잡을 정책 공약 형태로 제시된다. 다른 하나는 스스로를 '반복될 수 없고 대체 불가능한 대안'으로 드러내는 것이다. '이번에 안 되면 다음 기회가 있다'거나 '반드시 A가 아니어도 B 정도면 괜찮다'가 아니라, '이번에 A를 당선시키지 못하면 영영 기회가 없다'는 강박적 위기의식을 지지자에게 심어줘야 한다는 뜻이다.

눈여겨볼 대목은 한국의 선거 정치에서 '행복의 이미지'로 승부하는 경우를 찾기가 어렵다는 점이다. 여와 야, 리버럴과 보수를 망라해 통용되는 승리 공식은 '파국의 이미지'로 지지자를 결집하는 것이다. 이런 공식이 통용되기 시작한 건 오래되지 않았다.

야당은 항상 집권 세력의 부패나 무능을 부각하며 '정권 심판'을 구호로 들고나왔다. 여당의 대응은 '심판자'를 자처하는 세력도 그들과 다름없는 무능한 세력임을 드러내거나, 가시적 국정 성과를 앞세워 '재신임'을 요청하는 것이었다. 그러나 2009년 노무현 전 대통령의 죽음을 계기로 이런 구도는 자취를 감췄다. '심판=보복'이란 등식이 만들어지면서 정권의 상실은 권력의 자연스러운 교대가 아닌 '반동과 멸절의 시간'을 도래시킬 재앙적 사건으로 인식되기 시작했다.

구원의 실현, 적의 소멸은 원치 않아

심화한 정치 양극화 역시 경쟁 세력의 집권을 종말과 동일시하는 파국론적 분위기를 강화했다. 양극화한 정치 질서에서 자기 세력의 정당성에 대한 강한 확신은 상대 세력의 악마화와 병행된다. '우리가 공동체의 운명을 계속해서 책임져야 마땅하다'는 신념은, 상대방의 열등함과 사악함에 대한 집단적 확신이 전제되어야 하기 때문이다. 열등하고 악한 존재들의 권력 장악은 거대한 파국, 종말을 의미할 뿐이다.

한국에서 종말론적 정치 담론의 주류는 이제 슈미트류의 반동적 버전이다. '적들의 영구적이고 최종적인 승리'가 가져올 종말의 지옥도를 앞세워 진영의 단단한 결집을 도모하는 것이 한국 정치의 필수 테크놀로지가 되었다. 이 반동적 종말론의 선포자들에게, 적그리스도를 파멸시킬 메시아의 출현은 '기다리되 오지 말아야 할 사건'이며, 적은 '맞서 싸워야 하지만 결코 사라져선 안 될 존재들'이다. 구원의 실현과 적의 소멸은 이들에게 '정치의 종말'을 의미하기 때문이다. 도스토옙스키의 작품 《까라마조프 씨네 형제들》 속 세비야의 대심문관이 1,500년 만에 강림한 그리스도를 반기기는커녕, 투옥하고 협박하다 서둘러 추방하려 했던 것도 같은 이유였다.

20대 대선 막바지에 더불어민주당과 이재명 후보가 채택한 선거 전략은 '4자 구도'를 유지하며 2017년 대선 당시의 '문재인 득표율(41%) 플러스알파'를 확보하는 데 맞춰져 있었다. '촛불 동맹'이란 이름의 '반기득권 포퓰리스트 연합'을 복원하기엔 시간적 여유가 없을뿐더러, '조국 사태'로 촉발된 연합 세력 내부의 불신과 감정의 골이 감당하지 못할 수준으로 깊어졌기 때문이었을 것이다.

이 상황에서 상대의 집권을 저지할 가장 효과적인 방법은 문재인이라는 '지도자의 이름'을 중심으로 전통적 세력 기반을 다지고, 대적 상대인 윤석열과 국민의힘에 '민주주의 세력을 참칭'하며 '촛불이 일궈낸 진짜 민주주의를 끝장낼' 퇴행과 반동의 이미지를 고착하는 것이었다. 이를 통해 '이재명의 민주당'에는 나라를 보복과 무질서의 재난 상태로 몰아갈 '거짓 구원자' 세력의 등장을 억제해야 할 숭고한 사명이 주어졌다. 그러는 사이 최종적 구원은 끝없이 유예되고, 종말의 공포에 의지하는 카테콘의 세속 지배는 질긴 생명을 이어 갔다. (국민의힘의 극우 종말론은 그 수준의 일천함 때문에 굳이 다시 언급해야 할 필요성을 느끼지 못한다.)

이쯤에서 우린 물어야 한다. 매일의 삶이 파국이고 비상사태인 이들에게 5년짜리 청와대 권력의 향배는 얼마큼의 실존적 무게를 지니는지. 대선 때마다 어김없이 종말론의 시간이 도래하는 건, 권력에 따라 오가는 이익에 삶의 모든 것을 걸어버린 이들의 뒤틀리고 마비된 감각 체계 탓은 아닌지.

지난 대선을 "촛불 혁명의 지속이냐, 좌절이냐가 걸린 건곤일척의 대회전"이라며 모든 양심과 역량의 결집을 호소했던 진보 학계의 노명망가에게도 물어야 한다. '민주화의 성과물을 지켜야 한다'는 당위, '역사의 후퇴를 막아야 한다'는 명분을 앞세워 '다른 세상'을 꿈꾸는 소수파에게 '불만과 인내의 시간'을 요구하는 '현상유지적 종말론'을 어느 시점까지 감내해야 하는지.

정치에서 사랑과 증오란

신진욱

이세영의 질문 20대 대선에서 양대 정당의 후보자와 지지층은 경쟁 정당에 대해 극한의 불신과 적대감을 드러냈다. 지금 한국의 정치 양극화는 어느 정도이며 어떤 특성을 갖는가? 정치에서 분노와 증오란 무엇이며, 사랑과 관용이란 대체 무엇인가?

역대급 초박빙 선거라던 20대 대선은 윤석열 국민의힘 후보의 당선으로 막을 내렸다. 선거 직전까지 여론조사마다 결과가 갈렸고 심지어 출구 조사로도 승자를 예측할 수 없었으니 대단했던 경합이었다. 당시 이재명 더불어민주당 후보와 만들어 갈 세상을 꿈꿨던 유권자는 슬픔과 울분이 컸을 것이고, 반대로 윤석열 후보를 지지한 유권자는 감격의 환호성을 질렀을 것이다.

멀어진 진영 간 거리,
강해진 지지층 결집

정치적 사랑은 종종 증오와 한 몸에 붙어 있다. 지난 대선은 '역대 최악의 비호감 선거'라고 불리기도 했다. 지지 후보가 없는 유권자가 유독 많았고 지지층조차 확신이 없었다는 의미다. 하지만 반대하는 후보 정치인에 대한 미움과 그들의 집권에 대한 두려움은 강렬했다. 대선 투표율(77.1%)이 꽤 높았던 것은, 와야 할 세상에 대한 열망보다는 와서는 안 될 세상을 막으려는 동기가 더 컸을 것이다.

이처럼 정치적 사랑과 증오가 공존하는 데에는 구조적인 이유가 있다. 비록 양대 정당과 그 후보자들은 상대 정당 후보에 대한 비방에 몰두했지만, 선거 과정에서 우리 사회 중요한 쟁점들에 관한 가치와 담론의 균열이 날카롭게 형성되었다는 사실을 놓쳐선 안 된다. 한쪽엔 평등과 복지, 페미니즘, 생태, 평화와 자주 외교가, 반대쪽엔 능력, 경쟁, 반페미니즘, 원전, 반북, 반중, 한미일 동맹 외교가 팽팽하게 대립했다. 그러니 단순히 대립과 갈등을 넘어 합의와 통합의 정치로 가자는 말은 아름답지만 공허하다.

이러한 대립의 정치는 이번 대선에만 나타난 특별한 현상일까? 그렇지 않다. 한국에서 양대 정당은 점점 더 상호 적대적으로 되어왔다. 2002년 노무현 대통령 당선, 2004년 총선에서 열린우리당 승리, 2008년 이명박 정부 출범과 한나라당의 총선 승리, 2017년 박근혜 대통령 탄핵과 문재인 대통령 당선으로 이어지는 과정에서 이념 대립과 정치 대결이 더욱 깊고 공고해졌다.

범진보와 범보수의 팽팽한 대치는 장기 현상이다. 2012년 문재인, 박근혜 후보는 각각 48.0%, 51.5%를 얻었고, 2017년 문재인·심상정 후보의 득표율 합계는 47.2%, 홍준표·유승민·안철수의 합계는 52.2%였다. 이번에 이재명·심상정의 합계는 50.2%, 안철수와 단일화한 윤석열 후보는 48.5%였다. 안철수 지지층 일부가 이재명 후보 지지로 넘어왔음을 고려하면, 힘의 균형이 놀랍게 지속된 것이다.

더욱 중요한 사실은 이런 균열 구조의 공고화가 정치인만의 문제가 아니라 이제 유권자들에게까지 미치고 있다는 점이다. 가상준 단국대 교수는 2007년, 2012년, 2017년 대선을 분석한 결과, 양대 정당 지지자들 간의 이념적 양극화가 뚜렷해진 추이를 확인했다. 즉 민주당 지지층은 점점 더 진보화했고 보수정당 지지층은 점점 더 보수화해 양 진영의 거리가 멀어진 반면, 지지층 내부의 이념적 거리는 좁혀졌다.

협의 민주주의도 양극적 균열 위에 있어

이념적 양극화, 의견의 양극화뿐 아니라, 자신이 지지하는 정치인·정당에 대한 애정과 반대편에 대한 반감이 공존하는 정서적 양극화도 깊어졌다. 이승윤·이유진·신진욱이 2021년 수행한 인식 조사에서 응답자의 무려 75%가 '내가 싫어하는 정당이나 정치인의 행태'에 분노를 느낀다고 답했다. 부동산 가격 폭등과 자산 격차 심화(79%)와 더불어 가장 높은 분노 수치였다. 세대 갈등에 33%만이 분노를 표한 것과 대조되는 결과다.

특히 정치에 깊이 관여하는 유권자일수록 대내적 결속과 반대 진영에 대한 적대감이 각별히 크다는 점도 의미심장하다. 하상응 서강대 교수와 고려대 정부학연구소 길정아 박사는 최근 연구에서, 정치 고관심층일수록 보수파는 보수 정권만 신뢰하고 진보파는 진보 정권만 신뢰하는 이념적 편향이 강함을 밝혀냈다. 시민들의 정치적 관심은 민주주의의 생명이지만, 진영 대립의 격화로 이어질 수도 있다.

이념성이 뚜렷한 유권자는 대내적 결속뿐 아니라 대외적 적대감도 강하다. 장승진 국민대 교수와 서강대 서정규의 연구는, 일관되고 강한 진보 또는 보수 성향의 유권자일수록 자신이 반대하는 정당에 강한 반감을 보이는 부정적 당파심이 크다는 사실을 발견했다. 반대 정당에 대한 적대감과 지지 정당에 대한 일체감은 별개의 정치 감정이지만 양자는 서로를 강화할 수 있다.

이런 대립은 박근혜 대통령의 탄핵 이후 더 악화되었을까? 정동준 박사의 분석에 따르면, 시민 전체로 봤을 때는 양극화가 심해지지 않았다. 그런데 당파적 지지자들 사이에선 대내적 동질성과 반대 세력에 대한 적대감이 탄핵 이후 더 커졌다. 나아가 반대 정당에 대한 반감이 지지 정당에 대한 호감보다 투표 행위에 더 강한 영향을 미쳤다.

이처럼 정치에 대한 관심과 지식이 많고 이념 성향이 뚜렷한 유권자층의 집단적 결속과 대립은, 한국 사회에서 이제 소수 현상에 그치지 않는다. 중앙선거관리위원회의 통계를 보면, 총인구 중 정당 당원은 2010년 9%에 불과했지만 꾸준히 증가해서

2020년에 16%에 이르렀고 그중 당비 납부 당원 비율도 20%에 달한다. 이렇게 직접 정치에 참여하는 조직된 시민들이 여론과 정당들의 선택에 영향을 미친다.

이런 변화의 함의는 무엇일까? 정치의식이 높은 시민층이 확대되고 집단화된 균열을 형성하는 것 자체는 나쁘지 않다. 시민들이 자신의 사회적 이상을 명확히 하고, 지향이 같은 사람들과 함께하는 것은 우리의 공적인 무대를 활기차게 한다. 심지어 양극화도 부정적이지만은 않다. 갈등이 너무 산만하면 그만큼 비토도 많고 협상도 어렵다. 많은 협의 민주주의 체제가 단순화된 양극적 균열 위에 서 있다.

상대를 악마화하면 공존 불가능

진정한 문제는 반대편을 악하고 추한 존재로, 자기편을 선하고 숭고한 집단으로 도덕화하고 미화하는 행동과 신념 체계, 그래서 대화와 관용을 원천적으로 불가능하게 만드는 그런 종류의 정치 양극화다. 반대 진영은 미움·혐오·분노·역겨움의 대상이 되며, 정치의 목적은 갈등의 조정이 아니라 적의 절멸에 있게 된다. '그들'은 용납할 수 없고 공존할 수 없는 존재이며, 권력을 쟁취하려는 이유는 '그들'이 다시는 일어나지 못하게 하기 위함이 된다.

이런 문제는 오늘날 많은 나라에서 나타나고 있다. 정치학자

조너선 하이트Jonathan Haidt 교수는 지금 미국에서 자기가 반대하는 정당을 그냥 싫어하는 것이 아니라 국가에 대한 심각한 위협으로 간주하는 사람이 양당 지지층의 절반이 넘으며, 이들의 적대감을 어떻게 진정시킬 것인가라는 질문이 심각하게 제기된다고 말한다.

많은 나라에서 종교 차이에 의한 갈등은 순화된 반면, 정치적 신념 차이에 따른 공존 불가능성은 깊어졌다. 가족, 연인, 친구 간에 지지 정당이나 정치 현안에 대한 관점이 다를 때 관계가 심각하게 위협받는다. 정치적 사랑의 대상이 상충할 때 가족애와 우정, 에로틱한 사랑도 흔들린다. 정치적 신념과 태도를 공유할 수 있느냐가 사적 친밀성보다 더 중요하거나, 그것의 전제가 된다.

정치란 원래 그런 것일까? 알려진 대로 카를 슈미트는《정치적인 것의 개념》을 비롯한 여러 저작에서 '정치적인 것'의 특성을 '적과 동지'의 구분으로 규정한 바 있다. 이 말은 종종 정치가 본질적으로 증오하고 파멸하는 적대적 투쟁이라는 의미로 오해된다. 하지만 슈미트는 정치에서 '적과 동지'의 범주가 도덕적인 선과 악, 미적인 아름다움과 추함, 감정적인 사랑과 미움의 범주와 구분되는 특질임을 명확히 했다.

'적과 동지'라는 범주의 핵심은, 공적인 관심사를 놓고 사람들이 집단으로 결합하고 다른 집단과 분리되는 것, 대내적으로 결속하고 대외적으로 대결하는 것을 가리킨다. 슈미트는 이러한 집단 형성과 균열 형성의 본질이 심리적·감정적·도덕적 적대에 있지 않으며 정치에서 '적'(Feind)이란 증오하는 '적대자'(Gegner)와 다른 것임을 강조했다.

그러나 정치의 현실에서 '적과 동지'의 관계는 흔히 감정적·도덕적 내용으로 채워진다. 뜨거운 감동, 간절한 소망, 격앙된 분노가 없는 정치는 승리하기 어렵다. 왜일까? 마사 누스바움 Martha Nussbaum이 말했듯, 구체적 공동체에 대한 사랑 없이는 헌신의 동기가 생기지 않기 때문이다. 그런데 그 이면에 있는 또 하나의 진실은, 공동체의 동지들에 대한 사랑이 강렬할수록 적과의 대결이 잔혹해질 수 있다는 것이다.

통합 호소 못지않게 '잘 싸우는 법' 찾아야

누스바움이 말한 '정치적 감정의 야누스적 속성', 즉 사랑과 증오, 포괄과 배제, 헌신과 냉정이 동일한 행위 안에 공존한다는 아이러니가 여기에 있다. 그래서 우리 사회 저변의 많은 갈등과 분노가 분출되어 치열하게 격돌했던 지난 대통령 선거가 0.73%p의 차이로 결판이 난 후에, 한국 사회에서 공허한 국민 통합의 호소보다 중요한 것은 '잘 싸우는 법'을 찾아가는 과정이다.

단지 증오하거나 조롱하지 않고 진정으로 반대하는 법, 즉흥적 분노보다 깊고 강한 동기로 정의를 추구하는 법, 거기에서 비로소 자신을 성찰하고 세상을 바꿀 수 있는 공간이 생겨날 것이라 믿는다. 윤석열 후보가 대선 기간 노동정책, 한일 관계, 여성과 페미니즘에 대해 했던 말들, 검찰 국가의 탄생에 대한 우려들이 새 정부 출범 이후에 현실로 나타나고 있는 지금, 우리는 진실로 그러한 길을 찾아내어야 할 것 같다.

키워드 1　　균열과 통합

키워드 2　　정치 양극화

키워드 3　　지역주의와 계급 균열

키워드 4　　세대론

복합 쇼핑몰 10개를 호남에 세운다 해도

이세영

신진욱의 질문 이번 대선 개표 결과에서 눈에 띄는 것 가운데 하나는 확연히 다른 영호남의 투표 성향이다. 혹자는 지역 구도의 부활을 말한다. 지역주의 투표 행태는 왜 지속되는가? 그것은 사라져야 할 병리적 현상인가?

> 십 년이란 한 사람이 준 상처를 다스리기에는 너무나 짧은 세월이다.[×]

나는 호남 사람이다. 광주에서 태어나 고등학교를 졸업할 때까지 그곳에서 살았다. 명절과 휴가철엔 잊지 않고 고향 집을 찾는 내게 30년 전 떠나온 호남은 여전히 자아 정체성을 구성하는 핵심 성분이다. 그러니 이 글은 '지역주의 투표' 일반에 대한 객관적 진단과 예측이 아니라, 호남 태생의 리버럴 서울 중산층이 시론적 수준에서 정리한 '호남 지역주의론'에 가깝다.

× 김수영, 〈누이야 장하고나!〉 중에서.

균등하지 않은 '나라 망칠 병'에 대한 비난

'지역주의 투표'는 후보자의 출신 지역이나 그가 속한 정당 지도자의 출신 지역, 또는 후보자가 속한 정당이 상징(대표)하는 지역이 어디인지를 따져 투표하는 행태를 가리킨다. 한국에선 오랫동안 '나라 망칠 병'으로 불렀다. 다만 같은 지역주의 투표였음에도 비난의 강도는 균등하지 않았다.

공격은 민주당 대선 후보에게 매번 90% 가깝게 표를 몰아준 호남 유권자에게 집중되었다. 총선 때면 '전라도는 민주당 공천장만 있으면 작대기를 갖다 놔도 당선된다'는 야유가 쏟아졌다. 주류 사회의 시선에 비친 호남의 투표 행태는 이성이 아닌 날것의 감정에 근거해 행사되는, 개화한 문명인의 표준에서 벗어난 후진적 일탈 행위에 가까웠다.

호남 유권자의 투표 행태를 향한 타 지역의 냉소는 지난 20대 대선에서도 다르지 않았다. 대선 투표일 나흘 전인 2022년 3월 5일 저녁, 지역별 사전 투표율이 공개되었을 때부터 조짐이 보였다. '정권 교체'를 지지하는 이들은 호남의 높은 사전 투표율이 정상인의 사고 구조로는 도무지 이해가 안 된다는 듯 한마디씩 이야기했다. "저 동네 사람들은 자존심도 없어?", "내버려 둬, 저렇게 살다 죽으라고".

83.98% 대 12.76%. 20대 대선에서 이재명과 윤석열이 얻은 호남 득표율이다. 투표일 1개월 전까지도 호남 지지율이 60%

대에 머물렀던 이재명이지만, 대선에선 득표율이 80%대 중반까지 치솟았다. 투표율 50%에 육박했던 호남권의 사전 투표 열기에서 충분히 예상되었던 바다.

개표 결과가 나오기 전에는 지역주의 투표 성향이 과거 대선에 견줘 약해질 것이란 예상이 우세했다. 호남권에서 이재명의 고전 분위기에 더해 연령대별 지지율에서 감지되는 이상 징후 때문이었다. 하지만 지역 구도는 20대 대선에서도 뚜렷했다. 호남과 대구·경북(TK)에서 민주당과 국민의힘 후보에 대한 표 쏠림이 재현된 것이다. 사전 투표와 본 투표 양상을 보면 호남이 움직이고, 대구·경북이 따라갔다. 호남의 결집과 영남의 역결집이라는 지역주의 투표의 전형적 흐름이었다.

'뉴딜 연합'처럼, 리버럴 껴안은 민주당

민주당은 '호남'과 '리버럴'이라는 두 개의 헤게모니 분파로 구성된 연합 정당이다. 2010년 정치부에 배속되어 정당 출입을 시작할 당시 민주당은 2007년 대선과 2008년 총선의 연이은 참패로 호남과 수도권의 일부 지역만 포괄하는 81석짜리 지역 정당으로 쪼그라들어 있었다. 그런데 그해 지방선거에서 '무상급식' 이슈를 앞세워 정치적 반등에 성공하더니, 2012년 총선 직전 리버럴의 주력인 시민사회 세력과 원외 친노(친노무현)의 조직적 결합을 이끌어 내면서 2003년 민주-열린우리당 분당

이전의 세력 기반을 대부분 회복했다.

정당이 집권을 목표로 삼는 한 선거에서 '다수 연합'을 구성하는 게 필수다. 유권자는 계층·지역·세대·종교·이념적 배경이 다양한 이질적 집단으로 구성되는데, 복잡하게 분화된 현대사회의 특성상 특정 정당이 어느 한 지역이나 계층·이념 집단의 지지만으로 권력을 잡기란 불가능한 탓이다. 다수 연합의 가장 성공적인 사례는 1930년대 미국에서 출현한 뉴딜 연합이다. 대공황 덕에 운 좋게 집권한 프랭클린 루스벨트Franklin Roosevelt는 대규모 복지·공공 정책을 통해 전통 지지 기반인 남부 백인과 가톨릭 세력에, 북동부 노동계급과 이민자들, 대도시 취약 계층을 묶어 안정적인 다수자 연합을 구성하는 데 성공함으로써 30년 민주당 장기 집권의 길을 열었다.

1997년 한국의 정권 교체 역시 미국 민주당의 집권 과정을 닮았다. 기실 민주당에 대한 호남의 배타적 지지는 역사적·정치적 산물이다. 호남은 1960~1970년대 산업화 과정에서 중앙 권력이 채택한 불균등 발전 전략의 소외 지역이다. 저발전에 따른 대규모 수도권 이주, 수도권 하층민으로 편입된 호남 출향인에 대한 선先정착민의 배제와 차별, 영남 기반 정권에 의한 반호남 정서의 정치적 동원과 이에 대항하는 호남의 방어적 결속 등이 복합적으로 작용했다.

호남의 전폭적 지지와 재야의 조력으로 1987년 민주화 이후 안정적인 제1야당 지위를 유지해 온 김대중의 민주당은 오랜 협상 끝에 김종필이 맹주인 충청 세력과의 연합을 성사시켰고,

여기에 여권 분열과 외환 위기라는 예상치 못한 변수가 추가되는 천우신조 끝에 집권에 성공한다. 하지만 소수파 정권의 태생적 한계 탓에 정권 재창출은 난망한 상황이었다. 김대중의 선택은 호남의 견고한 지지 위에 '자유주의·온건 진보 성향의 고학력 도시 중산층'(리버럴)의 지지를 얹는 것이었다. 호남의 헤게모니 아래 리버럴을 하위 파트너로 삼는 다수 연합 구상이었고, 그 결실이 2002년 집권한 노무현 정부였다.

노무현 정권의 등장과 함께 한국의 정당정치 지형은 '호남-리버럴 연합' 대 '영남-보수-시장주의 연합'의 경쟁 구도로 재편되었다. 이후의 정치 변동은 연합을 구성하는 헤게모니 분파들 사이의 '갈등 → 이탈 → 재결합'의 동학을 따라갔다. 두 번째 정권 교체인 2007년 이명박의 대선 승리가 '호남-리버럴 연합'에서 리버럴이 이탈한 게 결정적이었다면, 세 번째 정권 교체인 2017년 문재인의 대통령 당선은 국정 농단과 박근혜 탄핵이 가져온 '영남-보수-시장주의 연합'의 붕괴로 인해 가능했다.

민주당 경선에서 '출신 지역' 아닌 '본선 경쟁력'

민주당의 호남-리버럴 연합 구도가 실질적 붕괴 상태로 치달았던 적도 있다. 2016년 민주당의 전신인 새정치민주연합의 분당이다. 기실 호남과 리버럴이 적잖은 정서적·정치적 거리에도 불구하고 비교적 안정된 연합을 구성할 수 있었던 건 보수 지배 동맹이 장기간 이어져 온 것에 대한 염증, 그리고 '정권 교체'의 열망과 기대 이익을 두 분파가 공유했기에 가능했다. 그러나 10년의 김대중-노무현 집권 기간을 거치며 이 두 정치적 공약수의 효능은 반감되었고, 2009년 노무현·김대중의 죽음과 2012년 대선 패배, 그리고 두 분파의 상징적 인물들(박지원·문재인)이 격돌한 2015년 2월 전당대회를 거치며 연합은 정치적 파국을 맞았다. 그 결과가 2016년 국민의당의 호남 석권이다.

눈여겨볼 지점은 호남이 리버럴과의 연합에서 이탈한 뒤에도 '반反 영남-보수-시장주의 연합'의 경계선 안에 완강하게 머물렀다는 사실이다. 미국 민주당의 지지 기반이던 남부가 1960년대 이후 공화당 지지로 전향해 버린 것과는 다른 선택이었다. 호남과 리버럴의 갈등은 이념이나 경제적 이해관계의 차이가 아닌, 연합의 헤게모니를 누가 쥐느냐를 둘러싼 경합적 갈등의 성격이 짙었기 때문이다. 2017년 대선에서 문재인의 60%대 호남 득표는 연합 복귀를 알리는 호남의 정치적 세리머니였다. 이렇게 되기까지는 호남의 주류가 '문재인의 대안'으로 선택했던 안철수의 집권 경쟁력이 대선 레이스 기간 뚜렷한 한계를 드러낸 게 결정적이었다.

호남은 복귀했지만 연합 내부의 역학 관계는 리버럴 쪽으로 확연히 기울어져 있었다. 리버럴의 세력 기반인 고학력 도시 중산층의 확대 속도와 호남 출신이란 정체성에 따라 투표하는 유권자층의 감소세를 견줘보면, 이 추세를 역전시키기란 불가능에 가까웠다. 호남은 결국 연합 내 주도권을 깨끗이 포기하되 집권의 과실을 우선 배분받는 리버럴의 하위 파트너 자리를 받아들인다. 그 결과 호남은 문재인 정부의 인사·예산 배분에서 최대 수혜 지역이 되었고, 그 과실은 호남의 엘리트뿐 아니라 기층 대중에게도 정치적·심리적 안정감을 줬다. 문재인의 호남권 국정 지지도가 집권 기간 내내 고공행진을 이어갈 수 있었던 배경이다.

이렇게 보면 2021년 민주당 대선 경선 당시 호남이 보여준 선택도 충분히 설명된다. 경선에서 호남은 중앙 정치 경험과 안정감에서 앞서는 동향 출신의 이낙연 대신 영남 출신 경기지사로 팬덤이 두터운 이재명에게 더 많은 지지를 보냈다. 그들의 판단 기준은 '후보의 출신 지역'이 아니라 오로지 '본선 경쟁력'이었기 때문이다. 그 판단에 책임지듯 호남은 본선에서 84%의 표를 이재명에게 몰아줬다.

복합 쇼핑몰 10개를 호남에 세운다 해도

〈누이야 장하고나!〉는 김수영의 연작시 〈신귀거래〉의 일곱 번째 시편이다. 혁명의 희열이 차갑게 식어버린 5·16 직후 김수영은 누이 방 벽에 걸린, 10년 전 전쟁통에 실종된 남동생의 사진을 바라보며 이렇게 묻는다. "누이야 / 풍자가 아니면 해탈이다 / 너는 이 말의 뜻을 아느냐". 그의 물음엔 열정도 희망도 사라져버린 암담한 시대를 견뎌야 하는 모더니스트의 번뇌가 담겨 있다. 이 번뇌 속에서 시인은 세월과 상처에 대해 이야기한다. 사람이 준 상처는 쉽게 아물지 않는다는 것, 강산도 변화시킨다는 세월의 치유력도 상실이 초래한 내상 앞에선 별 소용이 없다는 것.

시인의 말대로 사람이 준 상처가 아물기에 10년은 너무 짧다. 미국 남부인이 이데올로기적 친화성이 떨어지는 민주당을 100년 가까이 지지한 것도 내전의 패배와 상실감 없이는 설명이 쉽지 않다. 호남이라고 다를까. 오랜 차별과 42년 전 학살의 기억을 집단적으로 공유한 이들이, 가해 집단과의 연을 여전히 청산하지 못한 정치 세력에 마음을 열기란 어려운 일이다. 복합 쇼핑몰 10개가 들어가도 마찬가지다. 민주당에 대한 호남의 전폭 지지는 따져보면 40년이 채 안 된다. 배제와 죽음의 기억을 상쇄할 강력한 정치적 균열이 등장하지 않는 한 '견고한 호남'은 상당 기간 지속될 수밖에 없다.

‘을’들의 전쟁인가, 새로운 계급 정치인가

신진욱

이세영의 질문 우리 사회의 경제적 격차와 불안정성이 심각하고 그에 대한 불만이 큰데도 불구하고, 지난 대선 때나 선거 이후에나 이 문제를 놓고 정치적 전선이 분명히 형성되진 않고 있는 것 같다. 한국에는 계급 정치의 사회적 토대가 전혀 없는 것인가?

평등, 공정, 정의를 표방한 문재인 정부 시기 동안 이 가치들은 불행히도 위선과 가식이라는 수치스러운 오명을 얻었다. 이에 대해 문 정부를 비난하며 자신을 ‘진정한 진보’, ‘좋은 진보’로 내세우는 건 쉬운 일이다. 하지만 대중의 마음에 새겨진 ‘진보’에 대한 불신과 환멸을 지우기는 쉽지 않을 것이다. 민중을 말하는 정치 세력이 민중의 불신 대상이 되었다는 사실, 그리고 그들을 ‘특권’, ‘부패’, ‘위선’ 세력으로 몰아세워 힘을 얻은 자들이 바로 이 사회의 진정한 거대 권력이라는 사실에서 우리는 아득한 절망을 느낀다.

물론 문재인 정부하에서 모든 것이 악화되기만 했다는 평가는 공정하지 않다. 가처분소득의 분배 지표, 공공복지의 재분배 효과 등 여러 지표가 개선되었고 노동자 인권을 보호하기 위한 법적 기반이 강화되었다. 하지만 일자리, 주거, 자산 등 많은 면에서 상황이 나빠졌고, 그것이 정권 후반기 민심 이반에 결정적 역할을 했음을 부인할 수 없다. 미시적인 선거 전략이나 프레임 다툼만 보느라 '계급 문제'가 정권 교체의 중대한 배경이었음을 놓친다면 현 시국의 구조적 심층을 볼 수 없다.

세계의 악이
공기처럼 떠다니는 시대

집값 폭등과 자산 격차 확대는 치명적이었다. 순자산 지니계수는 2017년 0.584에서 2020년엔 0.602로 급등했다. 청년층 내 순자산 상위 20%는 2017년에 하위 20%의 27.9배를 갖고 있었으나 2020년엔 33.2배를 갖게 되었다. 코로나19 위기가 장기화하면서 많은 소상공인이 쓰러졌다. 비정규직 비율은 2017년 32.9%에서 2021년 38.4%로 올랐고, 특히 20대는 33.1%에서 40%로 뛰었다. 탄핵, 촛불, 코로나19, 총선 압승 등 여러 예외 상황에서 열린 구조 개혁을 위한 기회의 창이 그냥 닫혀버린 결과다.

윤석열 대통령과 국민의힘은 바로 이런 현실에 대한 대중의 실망과 분노를 증폭시켜 정권 교체를 이뤘다. 그런데 이상하다. 계급, 불평등, 노동의 이슈는 대선 기간에 전혀 부상하지 않았다. 유권자의 투표도 계급 계층에 따라 갈리지 않았고 양대 정당에 대한 대안으로 정의당이 부상하지도 않았다. 그런 제도 정치에 도전하는 아래로부터의 대중행동도 일어나지 않았다. 계급은 모든 곳에서 감지되지만, 어디서도 보이지 않는다. 이 상황을 어떻게 이해해야 할까?

이 문제는 1987년 민주화 이후 반복되고 있다. 특히 2000년대 들어 악화하는 불평등과 이를 대변하지 못하는 정치의 간극은 점점 더 커졌다. 지난 20여 년 동안 모든 인식 조사에서 대다수 사람은 교육, 일자리, 소득, 부동산 등의 계층 격차가 한국 사회의 가장 심각한 문제이자 최우선의 국정 과제라고 답했다. 하지만 이런 문제로 정권이 흔들리긴 했어도, 그다음에 들어선 정권이 이 측면에서 크게 달랐던 적은 없다. 정치 양극화는 심해지고 있지만, 계급 양극화는 정치에 반영되지 못하고 있다.

지금 우리는 여러 겹의 복잡한 갈등들이 사회에 가득 차서 '세계의 악이 공기처럼 떠다니는 시대'(박노해)를 살고 있다. 이익과 이익, 신념과 신념이 곳곳에서 부딪히지만 그것은 권력층의 다툼이거나 을들의 전쟁이지, 계급투쟁이 아니다.

독재를 겪은 많은 나라에서 이런 경험은 보편적이다. 국가 폭력과 시민사회의 대결이 압도하던 시대에는 그 고통만큼이나 강한 도덕적 숭고함이 있었다. 하지만 민주화 이후 사회는 수많은 갈등이 교차하는 혼돈의 세계로 변했다. 체코 민주화 운동을 이끈 시인이자 이후 대통령이 된 바츨라프 하벨Václav Havel은 1992년 출간한 《여름날의 명상》(*Summer Meditations*)에서 '절대선을 위한 인류성의 실천'이 사라지고 집단 이익들의 갈등과 정치투쟁만이 남은 시대를 탄식했다. 불평등에 대한 불만은 만연하지만 그 해결을 위한 정치적 연대는 생겨나지 않는다.

국가를 통한 '민주적 계급투쟁'

현대 정치의 큰 기둥 중 하나인 노동 정치는 그 역사적 탄생 때부터 바로 그 이익 갈등과 정치투쟁의 한가운데서 '인륜성'을 구현하려 했다. 독일 노동자의 정치 지도자였던 페르디난트 라살레Ferdinand Lassalle는 1862년 〈현재의 역사 시대와 노동계급 이념의 특별한 연관성〉이라는 명연설에서 이렇게 말했다. "노동계급의 원칙을 국가와 사회의 지배적 원칙으로 삼는다는 사상"이야말로 "세계사가 지금까지 알지 못했던 최상의 진보이자 인륜성의 승리를 표현한다". 비록 국가주의라는 극복되어야 할 한계 안에서였지만, 이 웅장한 선언은 인류 역사에 계급 정치의 개막, 국가를 둘러싼 장구한 계급투쟁의 시대를 알렸다.

자본주의사회의 계급 갈등을 제도 정치의 장으로 반영해 해법을 모색하는 것은 현대 정치의 가장 중요한 과제 중 하나였다. 산업사회의 태동과 더불어 유럽 여러 나라에서는 자본과 노동 간의 계급 균열이 핵심적인 정치사회적 균열로 자리 잡았다. 이들 양대 계급은 농민과 중간계급 등 기타 계급들과 연대해 선거에서 승리하기 위해 경쟁했다. 대의정치의 장에서는 주요 계급들의 이익과 세계관을 대변하는 좌우 정당 간의 경쟁 구도가 정립되었다.

비록 그 어떤 발전된 자본주의 나라에서도 라살레가 소망한 것처럼 "노동계급의 원칙이 곧 국가의 목적이 되게끔" 하는 혁명은 일어나지 않았지만, 노동자들은 정치를 통해 자신들의 존엄과 자부심, 단결된 힘을 과시할 수 있었다. 덴마크의 사회학자 에스핑-안데르센Esping-Andersen이 강조했듯이, 사회민주주의 이념의 핵심은 자본주의사회의 경제 영역에서 노동계급의 열세를 상쇄할 무기를 국가와 정치에서 얻을 수 있으며, 따라서 사회주의와 민주주의가 불가분의 가치임을 통찰하는 데 있다. 이처럼 제도화된 노동계급 정치에 대해 스웨덴의 사회학자 발테르 코르피Walter Korpi는 1983년에 출간한 그의 책 제목에 '민주적 계급투쟁'이라는 개념을 부여했다.

계급 정치의 맹아 싹텄으나

그러나 한국에서는 일제강점기부터 군사독재까지 수십 년간 정치적 자유와 노동자의 기본권이 억압되었기 때문에 민주적 계급정치가 발전할 기회가 없었다. 그런 역사적 배경 위에서 민주화 이후 정치적 대립 구도는 지역, 세대, 북한 문제 등 비계급적 차원에서 날카롭게 형성되었다. 경상도 출신과 전라도 출신, 젊은 세대와 노인 세대, 북풍과 역풍, 이런 것들이 친구와 적을 가르는 기준이 되었고, 정치인은 이를 영리하게 고무하며 활용했다.

그럼에도 불구하고 경제적 격차와 불안이 심해짐에 따라 불평등, 복지, 노동 권익 같은 계급적 의제가 정치에서도 중요해졌다. 특히 2010년대 이후 자산, 주택 보유, 계층 의식 등 측면에서 사람들의 경제적 상태에 따라 정부 정책과 정당들에 대한 인식과 태도가 차이를 보이기 시작했다. 즉 하층에 속하는 사람들이 좀 더 진보적인 정치를 바라고, 상류층일수록 보수 성향을 보였다는 것이다. 노인층에선 여전히 이념 보수가 다수라면, 특히 청장년층에서 이런 계급 균열이 두드러졌다.

여러 지표에서 의미심장한 변화가 관찰되었다. 노년층을 제외하면 저소득층일수록 더불어민주당이나 진보 정당에 투표하는 경향이 어느 정도 나타나기도 했고, 복지 태도에서도 소득이 낮을수록 복지 정책을 더 지지하는 경향도 강해졌다. 특히 자가 보유 여부와 자산 규모는 정치적 선호나 투표 성향과 강한 상관성을 보였다. 물론 이를 두고 한국에서 계급의식과 계급 정치가 무르익었다고 해석하는 것은 속단이고 과장이다. 하지만 때론 어떤 미약한 신호가 큰 변화의 맹아가 싹텄음을 암시한다. 그 신호가 왔다.

그러한 역사적 흐름을 타고 탄생한 것이 문재인 정부였다. 문재인 정부는 평등·공정·정의라는 가치의 삼위일체, 소득주도성장·포용복지국가·노동존중사회라는 비전의 삼위일체 안에 시대정신을 '관념적으로' 응축했다. 하지만 역설적으로 현실은 정반대였다. 바로 문재인 정부 동안에 계급 정치의 토대가 다시금 해체되거나 최소한 약화되었기 때문이다. 가난한 자, 집 없는 자, 일자리 없는 자가 민주당을 찍기 위해 투표장에 나가지 않을 뿐 아니라 정의당도 대중적 신뢰를 얻고 있지 못하다. 복지 태도, 이념 성향도 계급과 멀어졌다.

사회에서도 진보 세력은 급격히 힘을 잃었다. 이명박·박근혜 정권 동안 수많은 촛불 시민의 공동체가 생겼고, 청년들의 새로운 사회운동과 참여 네트워크가 형성되었으며, 평등과 복지가 더는 공산당·빨갱이의 낙인이 아니라 한국 사회 주류 담론의 일부로서 위상을 갖게 되었다. 진보 정치의 역사적 주기의 상승기였다.

하지만 지난 몇 년 사이 진보 운동과 시민사회는 신뢰를 잃고, 사회적 인정을 잃고, 활력을 잃고, 자부심을 잃었다. 보수 우익이 불평등과 불공정을 외치고, 그것이 적잖은 사람들에게 호응을 얻는 시대가 되었다. 그리고 정권 교체가 되자마자 그들의 적나라한 불공정이 드러나자, 한때 열광과 분노로 들끓던 우리 사회의 정치적 풍경은 이제 그 어떤 신뢰와 기대도 남아 있지 않은 적막과 황폐함으로 뒤덮이게 되었다.

폐허 속에 흩어진 계급의식 끌어올릴 정치력

이 폐허에서 이제 계급 정치와 진보 운동은 다시 일어나야 한다. 어디서 시작할 것인가? 무엇을 할 것인가? 누가 할 것인가? 어쩌면 이 엄청난 질문 앞에 우리는 지금 무력하기만 한지 모른다. 다만 분명히 해야 할 것은, 우리 현대사에서 제도와 세력 구도를 바꿀 가능성의 장이 열린 적이 없지 않았다는 사실이다.

정치와 사회의 변화는 진보를 향해서도, 몰락을 향해서도 예정되어 있지 않다. 불규칙하게 출렁이는 역사적 파도의 어느 지점에 지금 우리는 놓여 있다. 바닥을 차고 비상하는 힘은 이미 어디엔가 있는지도 모른다. 지난 대선에서도 유권자의 자가 보유와 집값 수준이 윤석열 후보에 투표할 확률과 연관 있다는 연구들이 나와 있다. 계급 정치의 토양이 없는 게 아니다. 사회 곳곳에 편재한 목소리들을 끌어올려 결집할 정치력이 없는 것이다.

힘 있는 사람만 대변하는 정치

이세영

신진욱의 질문 '노란봉투법'을 둘러싼 논의 구도를 지켜보면, 더불어민주당 집권 시절인 2021년 중대재해처벌법 제정을 두고 벌어진 정치사회적 논쟁을 떠올리게 된다. 한국에서는 왜 유독 노사 관계나 노동조건의 변화와 결부된 제도 개혁이 강력한 저항에 부딪히고 정치적 결실을 얻기 쉽지 않을까?

> 정치적 영역에 들어가고자 하는 자는 누구나 자기 생명을 버릴 준비가 되어 있어야만 한다. 생명에 대한 너무 지나친 사랑은 자유에는 방해가 되며 이것은 동시에 노예성의 확실한 표시다.[×]

'모두를 위한 자유와 평등'을 인민의 구체적 삶 위에 구현한 정치 공동체를 인류는 한 번이라도 가져본 적이 있던가. 이념의 순수 형태를 찾아 아득한 과거로 거슬러 올라가도 사정이 달라질

× 해나 아렌트 지음, 이진우 옮김, 《인간의 조건》, 한길사, 2019.

건 없어 보인다. 민주주의라는 정체政體의 시원始原에 자리 잡은 고대 그리스 민주정부터가 '만인을 위한 자유와 평등'이란 현대 민주주의의 이상과는 거리가 먼 정치 시스템이었다.

한국 민주주의는 '선택적' 대의제

그리스인은 '공동의 일'을 다루는 폴리스라는 공간이 생물학적 필연성의 세계, 쉽게 말해 '먹고사는 일'로부터 엄격히 분리되어야 마땅하다고 생각했다. 폴리스를 자유와 공공의 의제를 다루는 '순수 정치' 영역으로 작동시키려면, 사적 이해관계에 오염되기 쉬운 생존·생계 문제의 틈입을 허용해선 안 된다는 게 당대 지배 엘리트의 확고부동한 신념이었다.

그들이 볼 때 생명과 생계유지에 필요한 활동은 결단코 가정경제의 울타리를 넘지 말아야 했다. 비루한 삶을 간수하는 건 가사와 생계 활동에 전념하는 여자와 노예들 몫일 뿐, 폴리스의 가치 있는 활동에 참여하려는 자유민 남성의 제1덕목은 '먹고사는 일로부터 초연함'이었다. 고대 그리스의 폴리스에서 '좋은 삶'의 원형을 찾는 해나 아렌트Hannah Arendt는 그리스 정치의 특징을 이렇게 요약했다.

> 삶의 필연성을 가정에서 극복하지 않고서는 삶도 '좋은 삶'도 가능하지 않다. 그러나 정치는 결코 삶을 위해 존재하지 않는다.*

원형의 민주주의가 내장한 '분할과 배제'의 메커니즘은 '아시아 민주국가의 모범'으로 칭송받는 한국 정치에서도 예외 없이 작동한다. 2021년 중대재해처벌법 제정과 2022년 '노란봉투법'이라고 불리는 노동조합법 개정안 처리를 두고 노사정·여야가 벌인 치열한 공방을 봐도 알 수 있다. 두 사태가 보여주는 것은 '힘과 자격을 갖춘' 이들의 요구만을 선택적으로 대의해 온 한국 민주주의의 결손 지점이다.

시간을 중대재해처벌법이 국회 본회의에서 가결 처리된 2021년 1월 8일로 돌려보자. 그날 법제사법위원회 전체 회의 표결에 부쳐진 중대재해법안은 원안과 달리 법 적용 대상을 5명 이상 사업장으로 좁히고, 시행 시기를 늦추면서 처벌 수위는 큰 폭으로 낮춘 수정안이었다. 기회가 있을 때마다 민생과 먹고사는 문제의 중요성을 강조하던 '촛불 정부'의 집권 여당이 '작업장 안전에 사용자 쪽 책임을 강화해 일하는 사람의 생명을 지키자'는 취지로 만든 민생 법안의 원안을 '여야 합의'란 명분 아래 큰 폭으로 후퇴시킨 것이다.

이날의 상황은 더불어민주당이 재계 반발이 큰 중대재해처벌법 제정보다 기존 산업안전보건법을 손질하는 선에서 노동계와 유가족의 요구를 무마하려던 입법 논의 초기부터 충분히 예견된 것이었다. 애초 그들의 관심이 사안의 확대·공론화를 통한 정치적 해결보다 축소·개인화를 통한 비정치적 봉합에 있었

× 앞의 책.

다는 뜻이다. 중대재해처벌법 파동은 '경제적인 것'이 정치의 핵심 영역으로 진입한 오늘날에도 여전히 특정한 '문제'와 '집단'에 대한 체계적 배제가 변함없이 작동한다는 사실을 보여준 사례였다.

'헌법 위의 민법' 주장하는 이들

노사 관계나 노동조건의 변화와 결부된 사안을 '정치'가 아닌 '사인 간 계약'의 영역으로 밀어내려는 필사적 노력은 노란봉투법 입법을 둘러싼 갈등 국면에서도 여지없이 관찰된다. 2022년 9월 말 경제사회노동위원장에 임명된 김문수는 10월 13일 손경식 한국경영자총협회(경총) 회장을 만난 자리에서 "소유권을 침해하게 되면 공산주의가 되는 거다. 공산주의가 소유권 박탈해서 개인의 자유가 없어지는 거로 가면 안 된다"며 노란봉투법을 맹비난했다.

김문수의 발언은 국민의힘 주류나 지도부의 생각과 큰 차이가 없다. 권성동 의원은 정의당이 노란봉투법을 당론으로 발의한 9월 15일 SNS에 "노란봉투법은 불법 파업을 조장하는 '황건적 보호법'에 불과하다"고 썼다. 정책위의장 성일종 역시 하루 뒤 원내 회의에서 "불법과 탈법으로 회사와 국민, 국가에 엄청난 손해를 끼쳐도 처벌과 배상을 못 하게 하겠다는 법"이라고 의미를 깎아내렸다.

국민의힘과 재계가 펼치는 주장의 기저에는 '사회를 규율하는 최고 규범은 민법이어야 한다'는 논리가 깔렸다. 파업 등의 쟁의 행위에 '계약 자유'와 '재산권 불가침'이라는 민법 원칙을 적용해 결과에 대한 책임을 엄격히 물어야 한다는 것이다. 18~19세기 서구 유산계급의 논리다. 이들에게 민법은 사회법인 노동법 위에, 심지어 노동권을 기본권으로 보장한 헌법보다 우위에 있는 절대 규범인 셈이다.

사실 재산권에 신성불가침의 지위를 부여한 근대적 입론은 1689년 출간된 존 로크John Locke의 《통치론》으로 거슬러 올라간다. "인간은 타인의 침해와 공격으로부터 그의 재산, 곧 생명, 자유, 자산을 보존할 권리를…… 갖고 있다. 어떤 정치조직도 재산을 보존할 권력 그리고 이를 위해 그 사회의 모든 범죄를 처벌할 권력을 갖지 않고서는 존재하거나 존속할 수 없다." 하지만 재산권 절대화론자들이 간과한 부분이 있다. 재산권을 자연권 수준으로 끌어올린 로크의 텍스트에서 재산은 단순히 물적 자산만을 뜻하지 않는다는 사실이다. 그것은 생명과 자유를 포함하는 넓은 개념이며, 그 안에서 물적 자산은 생명·자유보다 순서상 뒤에 등장한다.

대한민국의 헌법 역시 재산권에 대해선 법률 유보 조항을 둔다. "모든 국민의 재산권은 보장된다. 그 내용과 한계는 법률로 정한다. 재산권의 행사는 공공복리에 적합하도록 하여야 한다."(제23조 1, 2항) 반면 노동권을 규정한 헌법 제33조는 별다른 유보 조항이 없다. "근로자는 근로조건의 향상을 위하여 자주적인 단결권·단체교섭권 및 단체행동권을 가진다.”

문제는 헌법적 기본권인 노동삼권 보장을 위해 제정된 노동조합법이 어지간한 파업을 불법으로 만드는 단서 조항으로 가득 차 있다는 사실이다. 노동조합법은 100여 개 조항으로 구성되었는데 대부분이 노동권을 제약하거나 부정하는 내용이고, 형벌과 과태료 부과 항목이 40여 개에 이른다. 어떤 파업도 웬만해선 다 불법이 되니, 사용자 쪽은 “고의 또는 과실로 인한 위법행위로 타인에게 손해를 가한 자는 그 손해를 배상할 책임이 있다”는 민법 조항을 근거로 손해배상 소송을 남용한다.

웬만한 파업은 꿈도 꾸지 말라

물론 노동조합법에도 ‘면책 조항’이 있다. “사용자는 이 법에 의한 단체교섭 또는 쟁의행위로 인하여 손해를 입은 경우에 노동조합 또는 근로자에 대하여 그 배상을 청구할 수 없다”는 제3조가 여기에 해당한다. 논란이 되는 건 ‘이 법에 의한’이란 문구다. 파업을 불법화하는 내용으로 법조문을 빼곡히 채워 넣은 뒤 ‘이 법을 지키는 파업’의 경우에만 배상 책임을 면제해 주라는 것이다. 월급 통장이 압류되고 가계가 거덜 나 남은 생마저 포기하고 싶지 않으면 어지간한 파업은 꿈도 꾸지 말라는 협박이나 다름없다.

재계와 보수 진영은 노란봉투법을 ‘노조가 불법을 저질러도

배상 책임을 면제해 주는 법'이라고 주장한다. 과연 그런가. 불법과 합법의 판단 근거는 현행법이다. 법이 바뀌면 불법과 합법의 경계도 바뀐다. 노란봉투법은 불법을 면책해 주자는 게 아니라, 합법적 쟁의행위의 범위를 넓혀 사용자가 '손배 폭탄'으로 노조의 교섭력과 조합원의 삶을 옥죄는 상황을 '법의 힘으로' 막자는 것이다. 이런 점에서 노란봉투법 입법을 위한 시민사회 움직임은 '약자들의 정치'가 추구하는 '갈등의 사회화' 전략에 충실하다.

정치학자 샤트슈나이더에 따르면 정치의 본질은 '갈등'이고, 정치 전략의 성패는 이 갈등의 범위를 어떻게 통제하고 변화시키냐에 달렸다. 갈등은 당사자뿐 아니라 공동체의 다른 구성원까지도 관심을 두고 참여하게 하는 강력한 전염성을 갖는다. 따라서 특정한 갈등에 얼마나 많은 구성원을 연루시키는지가 싸움의 결과를 좌우한다.

예컨대 민법 논리에 기초한 자유기업 체제는 사적 소유권을 절대화하면서 기업이 연루된 갈등의 범위를 기업 안에 묶어두려 한다. 따라서 이 체제는 기업 외부의 공적 개입을 차단(사사화·privatization)하는 데 주력한다. 반면 노동자는 갈등을 '사적 계약관계' 너머로 확장(사회화)해 공적 의제로 만들고 더 많은 공동체 구성원의 관심과 공감, 정치적 개입을 끌어내야 한다.

노동계의 숙원이던 노란봉투법을 2022년의 정치사회적 의제로 만든 것도 삶의 벼랑에 내몰린 존재에 대한 인간적 연민과 사회적 공감이다. 그 공감에 불을 붙인 것은 '이렇게 죽으나 저렇게 죽으나 매한가지'라는 심정으로 한여름 0.3평 철창에 들어가 농성을 벌인 대우조선해양 하청노동자 유최안과 그의 동료들, 그들에게 기어코 470억 원의 '손배 폭탄'을 안기려는 원청 대기업의 대응이다.

'스물세 번째 인간'에게 던지는 질문

시인 심보선은 2012년 쌍용차 해고 노동자의 스물두 번째 죽음을 목격한 뒤 〈스물세 번째 인간〉이란 작품을 썼다. 시인이 말한 '스물세 번째 인간'은 앞서간 스물두 명의 죽음을 애도하는 시 읽는 독자의 이름이자, 그 죽음의 행렬이 멈추도록 소리치고 행동하는 시민의 이름이다.

어떻게든 살아보겠다며 최후의 행동에 나선 인간에게 마지막 삶의 희망조차 놓아버리게 만드는 집단을 사회라는 이름으로 부르는 게 진정 합당한 것인가. 노란봉투법은 배달호, 김주익, 그리고 수십에 이르는 쌍용차 노동자의 부고장에서 한 글자 한 글자 집자해 만든 '시대 안건'이다. 그 안건이 '스물세 번째 인간'에게 던지는 질문은 명료하다.

"정치냐 계약이냐, 존재냐 소유냐, 문명이냐 야만이냐."

키워드 1 균열과 통합

키워드 2 정치 양극화

키워드 3 지역주의와 계급 균열

키워드 4 세대론

위선과 내로남불

이세영

신진욱의 질문 정치인이 정직하다고 믿는 사람은 많지 않다. 앞에선 국민을 위한다고 하면서도 뒤로는 권력과 사익의 증대를 추구하는 위선적 존재가 정치인이라는 인식이 우리 사회에는 팽배해 있다. 특히 조국 사태를 거치며 86세대 정치인은 위선과 내로남불의 상징인양 간주됐다. 하지만 위선은 과연 정치에서 추방되어야만 하는 악덕인 것일까?

> 그러나 정작 우리가 경계하는 건 / 누구라도 길을 잃으면 / 방어적 본능에 의존하거나 / 성난 물결이 대상을 가리지 않듯 / 전체주의적이라는 것이다 / 이것 아니면 저것의 선택을 강요하며 / 모든 걸 원점으로 끌고 가려 한다는 것이다.[×]

미증유의 내전이었다. 전선은 '진영과 진영 사이'에만 있지 않았다. 사람들은 진영의 울타리 안에서도 흉기가 된 말과 글로 사생결단의 육박전을 벌였다. 적보다 어제의 동지를 미워하고, 위악

× 임동확, 〈스스로가 무덤이었던 세월〉, 《운주사 가는 길》, 문학과지성사, 1992.

의 망루와 자기 연민의 참호 안에서 서로가 서로에게 총검을 들이대는 비릿한 살풍경이 곳곳에서 펼쳐졌다.

조국 사태. 2019년 8월 9일 조국 법무부 장관 후보자 지명에서 10월 14일 장관직 사퇴에 이르는 그 67일의 시간은 민주화 이후 한국 사회가 한번도 경험하지 못한 극한의 갈등과 혼돈의 나날이었다. 누군가에겐 열정과 분노로 점철되었을 그 시간이, 또 다른 누군가에겐 냉소와 환멸의 시간이었고, 진실을 둘러싼 일진일퇴의 공방이 거듭되는 사이 조국이라는 한국적 앙가주망의 아이콘은 후안무치한 위선의 화신으로 추락하고 말았다.

위선, 내로남불, 정치적 올바름

조국 사태를 거치며 한국 사회에서 86세대의 표리부동과 진보 지식인의 이중성을 비판하기 위해 가장 빈번하게 호출된 용어가 '내로남불'이다. 이 낡고 '키치kitsch'적이기까지한 20세기식 조어는 '위선'과 곧잘 동일시되었는데, 따져보면 둘은 결이 조금 다른 용어였다. 위선이 말과 행동, 내심과 표현이 일치하지 않는 인격의 부정합 상황을 지칭한다면, 내로남불은 나(우리)와 타인(저들)에게 적용하는 가치 기준이 같지 않은, 윤리 판단의 편의성과 자의성을 꼬집는 말이기 때문이다.

어찌 되었든 위선은 동서와 고금을 막론하고 식자와 도덕가, 공적 삶을 영위하는 고귀한 존재들의 전유물이었다. 비루하고 지지하고 데데한 범부들에겐 '없는 선함'을 '있는 척' 꾸며야 할 수고롭고 겸연쩍은 상황과 맞닥뜨릴 기회가 흔치 않은 탓이다. 따라서 위선에 대한 비판은 대부분 공적 인간들에게 집중되며, 그중에서도 대중의 시선에 가장 빈번히 노출되는 정치인들이 손쉬운 표적이 된다.

이런 정치인의 위선을 공격하고, 정치적 위선 자체를 집요하게 비판해 성공을 거둔 정치인도 있다. 도널드 트럼프가 대표적이다. 그는 '정치적 올바름'(political correctness·PC)이란 합의된 상식에 얽매이길 거부하고 '있는 그대로의 세상을 말하는' 것을 정치적 자산으로 삼아 패권 국가 미국의 대통령직까지 거머쥐었다. 그가 공격한 것은 '국적이나 피부색, 성 정체성이 다르다는 이유로 타인을 차별해선 안 된다'는 식의 널리 합의된 정치적 상식이었다. 하지만 현실 세계에 차별은 엄존하고, 차별이 잘못되었다고 말하는 이들조차 보이지 않는 곳에선 차별을 방조하고 용인한다는 사실을 사람들은 잘 알고 있었다.

정치 세계의 위선은 '순수악'인가 '필요악'인가

합의(되었다고 선언)된 상식과 현실 사이의 불일치를 목도해 온 이들은 트럼프의 당당한 솔직함에 열광했다. 평소 생각은 하고 있었지만 사회적 압력과 시선 때문에 차마 입 밖으로 꺼내지 못했던 이야기들을 트럼프라는 유력 정치인이 공적 공간에서 거침없고 시원하게 발설함으로써 지금껏 경험하지 못한 정치적 카타르시스를 가져다주었기 때문이다.

비단 미국뿐인가. '소수자를 차별해선 안 되고, 성폭력 사건의 가해자에겐 일말의 동정심도 가져선 안 되며, 가난이나 불행을 개인의 책임으로 돌려선 안 된다'는 사실을 '머리'로 생각하고 '입'으로 말하면서도 '가슴'으로는 동의하지 못하는 이들은 우리 주변에도 엄연히 존재한다. 출신 대학이 곧 그 사람의 능력을 말해준다고 여기면서도 '학벌주의자'라는 비난, '차별주의자'라는 낙인이 두려워 겉으로는 타인의 출신 학교에 아무런 관심이 없는 것처럼 행동하는 이들 역시 마찬가지다. 누구나 숙지하고 준수해야 할 '금지의 목록'들로 표현되는 정치적 올바름이, 이들에게는 '강요된 위선'이자 '제도화된 위선'에 불과하다.

하지만 정치의 영역에서 '위선은 필요악'이라는 생각은 적지 않은 이들로부터 지지를 받고 있다. 심지어 정치라는 공적 영역에서는 위선을 비난하거나 문제 삼아선 안 된다고 이야기하는 사람도 있다. 속마음을 감춰 선함을 가장하는 행위 없이는 '공공의 문제'를 다루는 정치 자체가 작동할 수 없다고 보는 것이다. 자신의 학문 여정을 '정치적인 것'의 실체를 궁구하는 일에 쏟아부었던 정치철학자 해나 아렌트도 여기에 속한다.

아렌트는 공적 이슈를 다루는 공간(폴리스)에서는 마음속에 자리 잡아 공개적으로 표출될 수 없는 내밀한 것들이 아니라, 오직 겉으로 드러나는 것, 밖으로 투명하게 나타날 수 있는 것들만이 토론과 논쟁의 대상이 될 수 있다고 봤다. 죄의 유무를 다투는 법정에서 말로 발설되거나 증거로 뒷받침되지 않은 속마음이 사법적 판단의 대상이 될 수 없는 것과 마찬가지다.

아렌트에게 '정치적 존재'로서의 인간이란 '겉으로 드러난 것 그 자체'다. 따라서 겉과 속을 구분하고, 그 일치 여부에 따라 진실인지 위선인지를 따지는 것은 정치의 세계에선 아무런 의미가 없다. 아렌트의 이런 생각은 "위선 없는 세계를 경험하는 것은 불가능하다"는 18세기 회의론자 데이비드 흄David Hume의 사상을 계승하는 것처럼 보인다.

위선의 의도하지 않은 생산성

그러나 위선이 불가피한 게 정치 세계뿐일까. 사회학자들은 한 걸음 더 나가 사회 자체가 위선 없이는 성립할 수 없다고 봤다. 20세기 사회학자 피터 버거Peter L. Berger가 볼 때 사회라는 공동체가 존속할 수 있는 것은 '연기'를 통해 상대를 속이고, 상대의 '연기'에 속아주는 '기만의 상호작용' 덕분에 가능하다.

이를테면 숱한 긴장과 갈등에도 가족이라는 공동체가 유지되는 건 '남편인 척'하고 '아내인 척'하는 다분히 의식적인 연기 덕분이다. 남편으로서, 아내로서의 정체성은 결혼과 함께 처음부터 주어지는 것이 아니라, '~인 척하기'(연기)의 과정에서 만들어지는 것이다. 안정된 가족을 유지하려면 그 '척'의 이면에 존재하는 진실에 대해 함부로 알려고 해선 곤란하다.

이렇듯 사람들은 스스로 위선을 행하고, 타인의 위선을 알면서도 눈감아준다. 가면을 쓰고 벌이는 역할극과도 같은 이 사회에서 상대의 위선을 공격하고 까발린다면, '집합적인 위선의 실천'을 통해 쌓아 올린 공모와 연대의 공동체는 붕괴할 수밖에 없기 때문이다. 모든 기만과 위선이 받아들여질 수 있는 것은 아니지만, 사회는 근본적으로 일정한 '위선과 상호작용'에 의해 작동하고 유지된다. "위선은 악덕이 미덕에게 바치는 공물"이라는 17세기 프랑스의 작가 라 로슈푸코La Rochefoucault의 경구도 이런 맥락에서 이해될 수 있다.

그러나 위선의 불가피성과 그것의 '의도되지 않은 생산성'을 인정한다고 해서, 모든 종류의 위선을 용인해야 하는 것은 아니다. 어떤 위선은 정치와 민주주의 자체를 불가능하게 만들 뿐 아니라, 타인과 자기 자신마저 파괴하기 때문이다. 아렌트는 《혁명론》의 많은 분량을 할애해 이 위험스럽기 짝이 없는 위선에 대해 경고한다. 이 파괴적인 위선은 타인뿐만 아니라 자기 자신마저 완벽히 속이는 데 성공할 때, 다시 말해 자신의 말과 행위가 내면의 순수 동기와 진정으로 일치한다고 철석같이 확신할 때 작동한다.

이런 심리 상태에 포획된 인간은 자기만이 선의 화신이고, 다른 이들은 거짓 연기를 하고 있다고 믿는다. 이들이 정치를 주도할 때 '진정성의 폭력'이 발생한다. 판단의 근거를 겉으로 드러난 말과 행동이 아닌 내면의 순수 동기에 둠으로써 타인의 진정성을 끊임없이 의심하고 공격하는 상황이 빚어지는 것이다. 이렇게 되면 '말들의 경합'으로서 민주주의는 설 자리를 잃고 정치는 선악의 적대적 쟁투로 변질되고 만다.

글러브 낀 권투 경기 같은, 그런 싸움을

정치라는 '위선의 게임'이 목숨을 건 폭력의 쟁투로 치닫는 상황을 피하려면, 스스로가 가면을 쓴 역할극의 배우임을 인정하고 자신을 포함한 모든 참가자가 '쟁투적 적대'가 아닌 '경합적 적대'의 게임에 임하도록 부단한 노력을 기울이는 수밖에 없다. 말하자면 그것은 상대의 목숨을 노리고 벌이는 무규칙의 이종격투기를 보호구와 글러브를 끼고 벌이는 링 위의 게임으로 바꾸는 것, 칼 슈미트가 말한 '적과 동지'의 파괴적 적대를 '우리와 그들'의 경합적 적대로 전환하는 것이다.

> 세월이여, 그러므로 축복할지어다 / 내일엔 총검으로 공방하는 살육전 대신 / 글러브 낀 권투 경기와 같이 / 상대방을 결정적으로 죽이지 않는 / 그런 세상의 싸움을[×]

× 앞의 책.

‘이대남’, ‘이대녀’라는 담론의 정치

신진욱

이세영의 질문 20대 대선에서 세대 정치가 정치권의 화두였다. 이준석 당시 국민의힘 대표는 공공연히 20·30세대와 60대 이상의 ‘세대 포위’를 전략으로 내세우기도 했다. 하지만 세대가 과연 정치사회적 선호의 표출에서 유효한 분석 단위가 될 수 있을까?

한국 선거에서 세대는 종종 관심사의 하나였지만 20대 대선 때만큼 세대 이야기가 범람한 적은 없었다. 청년, 20·30, MZ세대, 이대남, 이대녀, 세대 포위·결합론, ‘극혐’ 86, 기성세대 때리기 등 수많은 세대 담론이 정치 세계에 등장했다. 그런데 지금 세대 이슈의 중요성은 단지 담론의 양에만 있지 않다. 세대는 이제 사람들을 결집하고 갈라치는 정치 기획과 전략의 중심에 놓여 있다.

‘청년’이라는 캐스팅보터

20대 대선 때 정치권의 세대 정치 전략은 무엇보다 청년 유권자에 집중되었다. 이재명 당시 더불어민주당 대선 후보는 2022년 1월 2일 당 청년선거대책위 미래당사 개관식에서 "기성세대는 이미 다 자리를 차지했고 청년 세대는 새롭게 진입해야 하는데 새로운 기회는 별로 없다"며 오로지 청년만을 위한 정치를 하겠노라고 약속했다. 또한 윤석열 당시 국민의힘 대선 후보 역시 2021년 12월 1일 청년들과의 간담회에서 "현재 청년 세대와 중장년층 세대 사이에는 자산과 소득의 양극화가 생겼다. 기성세대는 청년 앞에만 서면 다 죄인"이라며 반성문까지 썼다.

하지만 기성세대가 기득권층, 부자, 안정 계층이라는 세대론은 한국 사회 불평등 현실에 전혀 부합하지 않는다. 노인층의 비정규직 비율이 70%나 되고 자살률은 세계 1위다. 산업재해 사망자의 70%가 50대 이상이다. 50대의 70%는 서비스 판매직, 생산직 노동, 단순 노무자다. 정치권이 이렇게 사회 현실을 왜곡하면서 젊은 유권자에게 공들이는 이유는 뭘까? 인구 고령화로 유권자 구성에서 20~30대는 과거보다 훨씬 소수지만, 지난 대선에서 청년 세대는 세 가지 면에서 캐스팅보터, 즉 승패를 가르는 투표자로서 힘이 있었기 때문이다.

첫째, 이들은 정치적으로 적극적이었다. 지난 십여 년간의 투표율, 정치적 효능감, 정치적 표현 등 여러 지표에서 그랬다. 둘째, 누굴 찍을지 불확실했다. 정당 일체감과 충성도가 낮다. 셋째, 변동성이 컸다. 이슈가 터질 때마다 표심이 확확 바뀌니까 권력자들이 안 건드리려고 조심한다. 말하자면 이러나저러나 민주당을 찍을 것 같은 40대, 어쨌든 정권 교체를 위해 국민의 힘을 찍을 것 같은 노년층과 달리 20·30세대 유권자는 정치집단들이 권력을 잡으려면 잘 모셔야 하는 상대였던 것이다.

이렇게 정치인들이 이해타산에 따라 '청년 사랑'을 외치는 것 자체가 비난받을 일은 아니라고 생각할 수 있다. 정당은 집권이 목표인데 표를 구하는 게 뭐가 나쁜가? 그런데 문제는 세대 이슈의 정치 도구화가 우리 사회의 계층, 노동, 외교 등 중대한 의제를 다 밀어내거나 왜곡한다는 데 있다. 더구나 청년, 중년, 노년 각 세대 현실의 올바른 이해와 합리적 정책 대응을 불가능하게 한다. 세대론이 세대 이해를 가로막는 아이러니다.

백 보 양보해서 이런 여러 문제가 있더라도, 만약 유권자의 표심이 세대를 축으로 갈라진다면 정치권도 현실적으로 그렇게 대응할 수밖에 없을 것이다. 그런데 뭔가 이상하다. 지금 상황은 20·30 유권자 다수가 특정한 정치 성향을 분명히 나타내서 정치권이 그걸 반영하려고 애쓰는 게 아니다. 그와 반대로 이들이 불확실하고 유동적이기 때문에 각 정치 세력이 이것저것 다 던져보는 것이다. 청년층이 하나의 '정치 세대'를 이루는 게 아니라, 정치권이 이들 '유동하는 세대'를 각기 자기편으로 만들려고 작업하고 있는 것이다.

분명하지도 일관되지도 않은 세대 균열

지금 만연한 오해 중 하나는, 마치 한국에서 언제나 청년은 진보이고 노인은 보수였는데 최근 20·30 유권자의 유동성이 초유의 현상으로 나타났다는 생각이다. 그렇지 않다. 민주화 이전에는 오랫동안 '여촌야도'가 강했다. 즉 독재 정권의 여당은 촌에, 반독재 야당은 도시에 지지 기반이 많았다. 그러다 1987년 민주화 이후 '지역'이 새로운 균열의 축으로 부상했다. 이때 지역이란 거주 지역이 아니라 출신 지역을 뜻한다. 지역 갈등은 어느 사회에나 있지만, 이 시기 한국에선 정치권이 이를 무한 증폭하고 도구화했다.

한국 정치에서 세대 균열이 가시화된 중요한 해는 2002년이다. 그해 대선에서 노무현 후보가 기적처럼 승리했는데 여기서 젊은 유권자들이 결정적 역할을 했다. 1990년대 지역 균열이 지금까지 남아 있듯이, 2000년대에 시작된 세대 균열도 이후 오랫동안 힘을 발휘했다. 예를 들어 2012년, 2017년 대선에선 세대 균열이 2002년보다 더 두드러지게 나타났다. 2017년엔 30대, 40대, 20대 순서로 문재인 후보를 지지했고, 문재인·심상정 지지율을 합치면 20~40대에 모두 60% 내외의 진보 성향 세대 블록이 존재했다.

그래서 2000년대 이후 일정 시기 동안 한국 정치에서 어느 정도 선명하고 지속적인 세대 균열이 있었다고 볼 수 있다. 그렇게 보면 2021년 4월 재보궐 선거 이후 이른바 '이대남'이 주축이 되어 20대 보수화 현상이 일어나고 청년 세대 내의 남녀 균열이 깊어진 것은 주목할 만한 새로운 경향이다.

하지만 조금 더 긴 역사적 시야를 갖고 보면 한국 유권자의 세대 균열은 전혀 분명하지도, 일관되지도 않았다. 예를 들어 세대 균열의 원년이라고 할 만한 2002년 대선에서도 노무현 후보는 청년층한테만 표를 받은 것이 아니라 노년층에서도 상당한 표를 받았다. '노인=보수'라는 공식이 생긴 것은 참여정부 후반기 이후다. 또한 '86세대'라고 불리는 1960년대생 유권자는 청년기 이래 19대 대선까지 세 번은 민주당에 더 많이 투표했고, 세 번은 보수정당에 더 많이 투표했다. 특정한 출생 세대가 계속 진보 또는 보수 성향은 아니었다는 것이다.

세대는 사회의 심층 균열로 갈라져

세대 균열 자체의 영향력 역시 똑같지 않았다. 2002년 대선에선 세대·이념·가치가 상당히 연결되어 작용했다면, 불과 5년 뒤인 2007년 대선은 그와 달랐다. 노무현 정부 때 실업, 양극화, 집값 폭등 같은 여러 문제로 정부 지지율이 폭락한 가운데 치러진 이 선거에서 유권자는 노무현 정부 심판, 이명박 후보의 경제 역량에 대한 기대, 부동산 이해관계에 따라 표심이 갈라졌다. 탈진보-비보수 성향의 많은 젊은 유권자가 투표장에 나오지 않았다.

그런 관점에서 보면 문재인 정부 후반기의 정치 상황은 노무현 정부 후반기와 여러 면에서 다르지만, 세대 균열이 동요하는 국면이라는 점에서 닮았다. 노년층이 강경 보수로 남은 가운데, 40~50대 중엔 현 정권에 실망한 유권자가 대거 있고, 20~30대는 지지 후보가 없는 사람이 가장 많다. 청년층의 젠더 균열이 주목할 만하지만, 과거에 청년층이 지역·주거·계층으로 갈라졌던 경험을 생각한다면 하나의 유권자 세대가 다른 축으로 갈라지는 것 자체는 새롭지 않다.

이처럼 '세대'는 언제나 그 사회의 심층 균열로 갈라졌다. 더구나 그 균열 축은 하나가 아니라 다차원적이다. 청년이든 중년이든 노년이든, 이 인구 집단들은 학력·소득·일자리·주거·자산·지역·가치 등에서 불평등과 차이, 갈등 관계에 있다. 다중 격차의 현실에서 다양한 갈등의 선이 복잡하게 지나가는 교차 균열이 일반적이다. 그래서 이 중 어떤 균열이 전면에 등장해서 동지와 적을 가르고 결집하는 축이 되느냐는, 객관적 사회구조로 주어지는 게 아니라 행위자의 능동적인 정체성 정치로 만들어지는 것이다.

세대 정치의 역동성이란 관점에서 보면, 지금 예를 들어 '청년', '20대', '이대남', '20·30세대'를 고정된 실체로 규정하고 그 기원을 추적하는 것은 현명한 접근법이 아니다. 왜냐하면 청년의 다수, 20대의 주류, 이대남 정체성의 중핵을 특정한 방향으로 구성하려 경쟁하는 힘들의 판세가 어느 방향으로 전개되느냐에 따라 각 세대의 큰 그림은 변할 수 있으며, 그 변화 속도는 때론 매우 빠를 수도 있기 때문이다.

실제 지금 20대 남성은 이미 2017년 대선 때도 20대 여성과 다소 다르긴 했지만 그 차이가 크진 않았고, 심지어 2020년 총선 때만 해도 전문가들이 눈여겨보지 않을 정도로 성별 차이는 주변적 이슈였다. 그러나 2021년 보궐선거에서 20대 남성의 다수가 투표장에 가지 않았거나 보수적 투표를 하면서 20대 남성을 '이대남'으로, 즉 '반좌파, 반페미, 혐중 이대남'으로 결집하려는 어마어마한 힘이 분출했다. 이준석의 '세대 포위론'은 그런 큰 변화의 흐름을 영리하게 포착해 정치적 자산으로 전환하는 전략이었다.

이념적 전장이 된
'청년'이라는 기표

세대 담론은 객관적 현실의 단순한 반영이 아니라, 원하는 현실을 만들어 내려는 정치적 행위이며 미래를 각자의 방식으로 조각하기 위한 하나의 기획이다. 그러므로 세대의 정치 역시, 이미 존재하는 어떤 단일한 정치 세대의 뜻을 반영하는 것이 아니라, 특정 세대의 주류를 자기 방식으로 창조하려는 전략적 행동이다. 물론 현실은 누군가의 기획이나 전략대로 되지 않는다. 하지만 세상을 바꾸기 위해 능동적으로 행동하는 집단이 미래를 걸머쥘 것이다.

'반페미', '혐진보', '능력주의' 이대남이라는 세대 담론의 정치에 대적할 진보의 정치는 어떤 담론과 전략을 취할 것인가? 2010년대 진보적 청년운동은 '청년'이라는 상징 자체가 진보주의의 보편적 호소력을 강화하는 전략적 프레임이 될 것으로 기대할 수 있었다면, 이제는 극우들까지 뛰어든 이념적 전장戰場이

된 '청년'이라는 텅 빈 기표를 어떤 내용과 실천으로 채워 헤게모니를 복원할 것인가?

포퓰리즘

미디어

촛불과 태극기

민주주의와 자유

팬덤 정치

지역주의와 계급 균열

2부 정치와 시민

키워드 5　　포퓰리즘

키워드 6　　팬덤 정치

키워드 7　　촛불과 태극기

키워드 8　　미디어

이재명과 윤석열 누가 포퓰리스트인가

신진욱

이세영의 질문 20대 대선의 쟁점 가운데 하나는 포퓰리즘이었다. 흔히 '대중영합주의'로 번역되는 부정적 의미의 포퓰리즘이다. 하지만 포퓰리즘에 긍정적 차원은 없는 것인가? 세계 도처에서 포퓰리스트 정치인들이 대중의 지지와 환호를 얻는 현상은 무엇 때문인가?

이재명은 포퓰리스트일까? 아니면 윤석열이 포퓰리스트일까? 일단 분명한 건 두 사람이 20대 대선 이후로 '포퓰리즘' 소리를 가장 많이 들은 한국인일 뿐 아니라, 상대방을 '포퓰리스트'라고 서로 비난하기도 한다는 사실이다. 일례로 대선 캠페인 중에 이재명 당시 더불어민주당 후보가 제시했던 임플란트와 탈모약 건강보험 적용 공약, 연 120만 원 '장년 수당' 공약, 기본소득 정책 등은 그 반대자들에게서 '포퓰리즘'이라는 비난을 샀다.

그런 공세의 선두에 윤석열 당시 국민의힘 대선 후보가 있었는데, 포퓰리즘으로 비난받은 건 윤 후보도 마찬가지였다. 윤 후보가 온실가스 감축 목표의 하향 조정을 주장하자 이재명 후보는 '무지한 망국적 포퓰리즘'이라고 비난했다. '주적은 북한',

'선제 타격' 등 대북 강경 메시지는 '안보 포퓰리즘'으로, '이대남'을 호명하는 안티페미니즘 정치는 '우익 포퓰리즘'으로 규정되었다.

대선 후에도 윤석열 정권이 노조에 '폭력', '부패', '특권'의 이미지를 씌워 지지율을 높이는 등의 정치 스타일이 반노조 여론을 악용하는 '우익 포퓰리즘'이라는 비판을 받았다. 이처럼 포퓰리즘은 한국 정치에서 상대방을 공격하는 흔한 전투 용어가 되고 있다. 포퓰리즘이란 대체 무엇이며, 그것은 민주주의와 어떤 관계에 있는가?

저쪽이 하면 포퓰리즘,
이쪽이 하면 국민 여론

포퓰리즘의 비난을 받는 정치 행위의 특성은 무엇일까? 세 가지 공통 요소가 있는 것 같다. 첫째는 '다수'에 대한 호소력이다. 다수 여론에 영합하거나, 다수 여론을 이끌고 갈 것으로 보인다. 둘째는 '서민주의'다. 아무 다수가 아니라 '보통 사람', '평범하게 사는 사람'의 다수와 접속한다. 셋째, 그러나 실제로는 불합리한 주장이거나 비현실적인 약속이다. 종합하면, 포퓰리즘이라는 비난의 핵심은 다수의 평범한 시민에게 호소하는 무책임한 정치라는 것이다.

그래서 '보통 사람 다수'의 여론에 따라 포퓰리즘으로 비난받는 대상도 달라진다. 다수가 페미니스트면 안티페미니즘이 포퓰리즘 정치가 될 수는 없다. 다수가 복지에 반대하면 복지 정책이 포퓰리즘으로 공격받진 않는다. 그 대신 '다수 국민의 여론에 반하는 정치'라고 비난받을 것이다. 이렇게 오늘날 정치 행위자들은 상대방이 다수의 지지를 받는다고 보이면 포퓰리즘으로 비난하고, 다수가 내 편에 있다고 생각하면 상대방이 다수에 거역한다고 비난한다.

이것이 중요한 포인트다. 상대방이 주도하면 대중영합 포퓰리즘이고, 내가 주도하면 다수 국민 여론에 호응하는 좋은 정책이다. 대선 때 윤석열 후보는 문재인 정부의 복지 정책을 '현금살포 포퓰리즘'이라고 비판했지만 윤 후보도 코로나19 손실보상을 위해 50조 원을 투입하겠다고 했다. 이재명 후보는 윤 후보의 탄소중립 속도 조절론을 포퓰리즘이라 하고선, 본인의 탈원전 속도 조절론은 국민 여론을 보자고 했다. 우리는 이 양면성의 원천을 잘 봐야 한다.

대중 추수주의를 비난하는 것이나 국민 여론을 칭송하는 것이나 그 근원은, '다수의 보통 사람'이 갖는 실제적인 정치적 힘이다. 그 힘이 상대방에게 있으면 폄훼하고, 나에게 있으면 찬미하는 것이다. 그런 의미에서 대중 선동을 비난하는 정치 담론으로서 포퓰리즘과, 대중성을 지향하는 정치 행위로서 포퓰리즘은 동일한 시대의 두 얼굴이다. 다수를 대변하고, 다수의 지지를 받는 정치가 힘을 갖는 현대라는 시대의 산물인 것이다.

2010년 보편 복지·무상 급식 논쟁에서 급부상

한국에서 포퓰리즘 공방의 출발도 '다수 여론'의 중요성 증대와 관련이 있다. 나는 2010년 《한겨레》 지면에서 이어진 '포퓰리즘 논쟁'에 참여한 적이 있다. 이세영 기자가 당시 '포퓰리즘 다시 보기'를 제안하는 기사를 썼는데 그 후 나와 안병진, 최한수, 진태원, 조희연 등 여러 학자가 포퓰리즘에 대한 다양한 입장을 제시했다.

10년도 더 된 논쟁을 회고하는 까닭은 2010년이 뭔가 특별한 의미가 있는 해였던 것일까 하는 의문이 생겼기 때문이다. 그래서 '네이버 뉴스 라이브러리'를 이용하여 1920년부터 2020년까지 100년 동안 국내 신문에 '포퓰리즘'이라는 단어가 언급된 빈도를 분석해 봤더니, 민주화 직후인 1989년 처음으로 한국 정치에 대한 논평에 이 단어가 등장했다는 사실을 발견했다. 포퓰리즘 담론은 민주주의 정치의 개시와 밀접한 관련이 있는 것이다.

2010년은 그 후 최초로 포퓰리즘 담론이 폭증한 해였다. 이 시점에 포퓰리즘 공방이 일어난 직접적 계기는 복지 이슈였다. 2009~2010년 '보편 복지'와 '무상 급식' 정책을 놓고 격론이 일어났고, 2011년에는 민주당이 무상 급식, 무상 의료, 무상 보육, '반값 등록금' 정책을 포함하는 '3무 1반' 정책을 표방했다. 이러한 복지 정치는 독재 시절보다 훨씬 많은 국민의 지지를 받았고, 복지 제도 확대를 거부하고 있던 당시 집권당 한나라당은 이들을 '포퓰리즘'이라고 맹비난했다.

그러나 보수 정치 역시 변하고 있었다. '반값 등록금' 정책은 2007년 대선을 앞두고 한나라당에서 처음 나왔고, 이명박 후보의 공약은 '국민성공시대'였다. 2012년 대선에서 박근혜 후보는 '복지·경제민주화'와 '반값 등록금 완성'을 내걸었다. 말하자면 여야 할 것 없이 '다수 국민'에 호소하는 정치를 진심이든 가식이든 표방했다. 이것은 분명 민주화의 결과다. 포퓰리즘은 민주주의의 일부이자 민주주의에 대한 위협이기도 한 것이다. 그중 하나의 면만 보면 포퓰리즘 담론도, 포퓰리즘 현상도 제대로 이해할 수 없다.

이처럼 '포퓰리즘'이라는 정치적 수사의 증가는 실제 정치에서 '피플people'의 중요성 증대와 관련된다. 정치가 피플에 호소하기 때문에 정적政敵의 포퓰리즘에 대한 비난도 많아진다. 그래서 포퓰리즘 개념은 피플에 호소하는 다양한 요소를 동시에 함축하고 있다. 일례로 저명한 포퓰리즘 연구자인 카스 무데Cas Mudde는 반엘리트주의, 반제도주의, 서민주의, 대의정치 부정, 리더와 대중의 직접 소통 등을 포퓰리즘 정치의 핵심 특성으로 정의했다.

이런 의미의 포퓰리즘 정치는 오늘날 세계적으로 큰 성공을 거두고 있고, 그에 따라 학계를 비롯한 사회 각계에서 지대한 관심을 받고 있다. 포퓰리즘에 관한 토론은 1960년대부터 있었고 1980년대에도 중요한 논쟁이 있었지만, 지금처럼 포퓰리즘 얘기가 무성해진 것은 최근 일이다. 이는 점점 더 많은 시민이 정기적인 투표권 행사에 만족하지 않고 직접 정치 행동에 참여하며 제도 정치와 상호작용하는 과정과 관련 있다.

포퓰리즘의 근원적 모호성과 양가성

2010년대에 세계에서 전개된 대규모 대중행동은 한국과 마찬가지로 그 정치적, 이념적 성격이 매우 다양했다. 미국 티파티 운동과 월가 점령 운동, 북아프리카의 아랍의 봄, 대만의 해바라기 운동, 홍콩 우산혁명, 스페인의 좌파 포데모스당과 우파 시우다다노스당, 프랑스 국민전선, 영국 독립당, 최근 미국의 트럼프주의 운동 등은 모두 '피플 파워'를 주창했는데 그들이 말한 피플도, 그들이 꿈꾼 세상도 제각기 달랐다.

포퓰리즘 현상이 이렇게 이질적인 것처럼, 포퓰리즘에 대한 평가도 상이하다. 예를 들어 좌파 정치 이론가인 에르네스토 라클라우Ernesto Laclau나 샹탈 무페Chantal Mouffe는 포퓰리즘에서 자유민주주의의 한계에 도전하는 정치의 가능성을 본다. 그에 반해 루디거 돈부시Rudiger Dornbusch와 세바스티안 에드워즈Sebastian Edwards, 제프리 삭스Jeffrey Sachs 같은 경제학자들은 남미 좌파 정권의 정책을 무책임한 포퓰리즘이라고 비판했다. 최근엔 유럽이나 미국에서 우익 대중운동과 정치 세력의 결합을 포퓰리즘으로 불러 비판하는 목소리가 크다.

그럼 '좋은 포퓰리즘'과 '나쁜 포퓰리즘'을 어떻게 분별할 수 있을까? 그런 구분이 가능할까? 우파는 포퓰리즘을 긍정적 의미로 사용할 때가 거의 없지만, 일부 좌파는 우파 포퓰리즘을 배척하면서 '좌파 포퓰리즘'이라는 지향점을 분명히 하기도 한다. 하지만 우파 포퓰리즘은 나쁘고 좌파 포퓰리즘은 좋은 것이라는 구도는 '좌파'라는 정체성을 가진 집단 내의 맥락에서는 이해될 수 있을지 모르지만, 대중적인 설득력을 갖긴 어렵다. '좋은 좌파 포퓰리즘', '제대로 된 좌파 포퓰리즘' 같은 수식어를 추가한다고 해서 사정이 나아지는 것도 아니다. 결국엔 만약 '좋은' 포퓰리즘이 있다면 무엇이 '좋은' 포퓰리즘인지를 규정할 수 있는 개념을 찾는 것이 핵심 과제이기 때문이다. 좌파 포퓰리즘이든 우파 포퓰리즘이든 반反대의제, 반反제도주의 위험을 내포할 수 있다. 그러므로 좌파와 우파라는 정치적 지향 차이만으로 포퓰리즘을 분류하고 평가하긴 어렵다.

그래서 어떤 학자는 권위주의적 포퓰리즘과 참여적 포퓰리즘을 나누기도 한다. 권위주의적 포퓰리즘은 위로부터 동원된 포퓰리즘인데, 무엇보다 좌파 문화 이론가 스튜어트 홀Stuart Hall이 대처리즘Thatcherism 이데올로기를 이론화하면서 널리 알려진 개념이다. 그에 반해 참여적 포퓰리즘은 다수 민중의 참여를 토대로 한 정치를 긍정적으로 지칭하는 말이다. 그러나 대중의 참여 자체가 좋은 포퓰리즘을 보장하진 않는다. 트럼프주의 운동도, 많은 극우 대중운동도 '참여적'이다.

이처럼 '좋은 포퓰리즘'을 정의하려는 시도들이 직면하는 난점의 원천은 '피플'의 근원적 모호성이다. 영국의 정치 이론가인 마거릿 캐노번Margaret Canovan이 강조했듯이, 포퓰리즘의 핵심어인 피플의 실제는 지극히 복합적이다. 이재명의 기본소득은 보통 사람을 위한 것이기에 올바른 것일까? 그 반대론자들도 각자 방식으로 보통 사람을 위한다. 복지 정책은 단지 다수의 지지를 받는다는 이유로 정당한 걸까? 그렇다면 만약 20대의 다수가 페미니즘에 비호감이라면 이준석의 안티페미니즘은 정당한가? 다수 '피플'의 의지와 참여는 그 자체로 선도 정의도 아니다.

'피플의 뜻'을 정의하는 투쟁이 곧 정치

'피플', '국민', '시민' 같은 추상적 개념을 어떤 단일한 의지를 가진 거대 주체로 실체화하는 순간, 그것은 논쟁적인 것을 탈쟁론화하는 이데올로기가 된다. 즉 많은 사람의 토론과 논쟁을 통해 최선의 공론公論을 만들어 가야 할 주제에 대해서, 마치 의심의 여지없는 단 하나의 자명한 대답이 있는 듯이 오인하게 된다는 것이다.

피플의 의지와 불만, 요구는 단지 정치적으로 대변되기만 하면 되는 상태로 주어져 있는 것이 아니다. '피플'이 누구인지에 대한 정의는 그 대답을 만들어 가는 사람들의 실천과 상호작용, 권력관계의 산물이며, '국민의 뜻'이나 '공동선' 역시 그것의 구현만을 기다리고 있는 실체가 아니라 끊임없는 논변과 협상의 대상이다.

민주주의 한계에 도전하는 힘, 포퓰리즘

이세영

신진욱의 질문 포퓰리즘이란 말은 종종 비난의 뜻으로 사용되지만, 포퓰리즘으로 불리는 정치 현상 중에는 민주주의의 한계에 도전하는 힘이 내장되었을 때도 있다. 우리는 포퓰리즘의 어떤 긍정적 측면을 주목해야 할까? 어떻게 그 잠재성을 더 풍부하게 만들고 정치를 바꾸는 힘으로 전환할 수 있을까? 단도직입적으로 무엇을 할 것인가?

윤석열은 포퓰리스트다. 누군가는 '이재명식 포퓰리즘'으로부터 대한민국 '법치'와 '자유민주주의'를 수호한 그가 왜 포퓰리스트냐고 반문할지도 모르겠다. 하지만 이 땅의 자유민주주의는 김대중에서 노무현, 문재인으로 이어진 리버럴 집권기를 거치며 극단적 우파들의 상징적 전유물이 된 지 오래다.

민주주의 모범 국가의 '포퓰리스트 대선'

20대 대선을 떠올려 보자. 윤석열은 국민의힘 대선 후보로 선출된 2021년 11월을 전후해 거침없는 언행을 펼쳤다. 자영업자와 영세 사업주 간담회에서 최저임금과 주 52시간 노동제의 무용함을 강변하더니, 20대 남성들의 반페미니즘 정서에 편승해 밑도 끝도 없는 '여성가족부 폐지' 공약을 던지고, '외국인 건강보험 피부양자 등록 요건 강화'를 약속하며 외국인 혐오 정서를 부추기는 망언을 쏟아냈다. 전형적인 포퓰리스트의 언어였다.

윤석열의 포퓰리즘에 대한 정치권의 비판은 그가 대통령이 된 뒤 그 강도를 더해가고 있다. 이은주 정의당 원내대표는 2023년 2월 국회 비교섭단체 원내대표 연설에서 윤석열을 겨냥해 "용산은 오늘날 정치 그 자체를 파괴하는, 거대한 사회적 분열의 진원지가 되었다. 오로지 적대적 지지층 동원에 몰두하며 반지성과 무능의 '우파 포퓰리즘'으로 질주 중"이라고 맹공했다.

산업화, 민주화에 이어 선진화까지 성취한 아시아 모범 국가의 대선 레이스에서 집권당과 제1야당의 유력 후보끼리 서로를 포퓰리스트로 낙인찍어 공방하고, '법치'와 '자유'의 회복을 내걸고 집권한 대통령이 임기의 1년도 지나지 않은 시점에 야당으로부터 '포퓰리스트'라고 공격받는 상황은 낯설다 못해 희극적이다. 하지만 '포퓰리스트 공방'은 21세기 한국 정치를 넘어 글로벌 정치 일반의 숙명이다. 지금은 지구 전체에 온갖 병적 징후가 창궐하는 정치적 대공위시대(인터레그넘Interregnum)[x], 포퓰리즘 국면(populist moment)이기 때문이다. 이런 관점은 포퓰리즘을 특정 지역에 출몰하는 병리적 정치 현상, 민주주의의 일탈로 보는 주류적 시각과 차이가 있다. 10여 년 전 에르네스토 라클라우Ernesto Laclau와 벤자민 아르디티Benjamin Arditi의 포퓰리즘 이론을 접한 뒤 나는 그것이 개신교에서 '이단'으로 불리는 소종파小宗派 운동과 닮은 점이 무척 많다고 생각했다.

장로교 목사 아들인 내게 기독교 신앙은 오랜 기간 사고의 바탕이자 정념 세계의 완강한 경계선으로 작용했는데, 거기엔 어릴 적 교회에서 접한 다양한 사람들에 대한 기억이 영향을 미쳤다. 그 기억 속에 열 살 무렵 만난 주일학교 선생님이 있다. 그의 단골 레퍼토리는 산속 기도원에서 오랜 금식 기도 끝에 접했다는 '십자가 신비체험'이었다. 공복의 고통을 견디며 신의 음성을 간구한 지 보름째 되던 날, 새벽 어스름에 등장한 흰 십자가 앞에 납작 엎드려 예수 그리스도의 음성을 들었다고 그는 말했다.

그러나 교회 안에서 그의 말을 진지하게 들어준 사람은 나와 친구들 말고는 없었던 듯 얼마 안 가 그는 교회를 떠났다.

포퓰리즘, 종교적 이단 운동의 '정치적 쌍생아'

2년 전 '코로나19 대유행'의 진원지로 낙인찍혀 존립이 위태로워졌지만, 한동안 개신교계 소종파 '신천지'의 위세는 대단했다.

× 대공위시대는 최고 권력의 공백 상태를 일컫는다. 안토니오 그람시는 "낡은 것이 소멸하고 있는데 새로운 것은 태어날 수 없는" 위기의 시간을 정치적 대공위시대(인터레그넘)로 표현하면서 이런 시기에는 "다양한 병리적 증상들이 출현"한다고 짚었다.

신비주의·종말론에 공격적 선교 마케팅을 결합한 그들이 '신도 시장'을 빠르게 잠식하자, 위기감을 느낀 주류 교단은 이단 대책 기구를 꾸려 초超교파적으로 대응했다. 물론 주류 교단이 배척한 소종파는 신천지가 처음은 아니었다. 1950~1960년대 전도관과 통일교가 그랬고, 지금은 주류 교단이 된 순복음교회 역시 1980년대까지도 집요한 이단 공세에 시달렸다.

이들은 사회적 약자를 중심으로 교세를 확장했고, 이 과정에서 카리스마적 지도자의 영향력은 절대적이었다. 당연히 주류 교단 등 교권 세력의 견제가 집중되었고, 파문(이단 판정)과 대대적 추방 운동에 직면했다.

정치 세계의 포퓰리즘 역시 기성 권력으로부터 위험 집단으로 불온시되어 집요한 배척을 받아왔다는 점에선 소종파 운동과 다를 바 없었다. 정당 질서(=공교회)의 권위를 부정하며 엘리트와 특권층(=교권 세력)을 적대시하고, 직접적인 정치 참여 및 지도자와의 강한 일체감(=신비주의)과 사회경제적 모순의 근본적 해결(=종말론)을 강조한다는 점 등에서 포퓰리즘 운동은 소종파 운동의 '정치적 쌍생아'나 마찬가지였다.

이 유사성은 두 운동 모두 제도화(문명화) 과정에서 억압되고 추방된 열정들에 존재론적 뿌리를 둔다는 점에서 기인한다. 종교적 열정의 핵심 성분인 신비주의와 종말론처럼, 권력의 행사와 통제에 직접 개입하려는 인민의 정치적 열망 역시 민주주의의 제도적 안착을 위해선 적절한 제한과 통제가 불가피한데, 길들지 않는 '리비도libido'(성 충동) 같은 이 열정들이 방치될 경우

체제 내부에 끊임없는 불안과 소요를 불러오기 때문이다.

그러나 이렇게 억압된 열정들은 작은 균열만 생겨도 제도의 통제를 벗어나 스스로를 드러낸다. 그 시기는 대체로 현행 질서의 권위와 통제력이 약화되고 사회경제적 혼란이 확산되는 이단의 창궐기, 정치적 포퓰리즘의 시간이다. 이런 포퓰리즘을 마냥 부정적으로 볼 이유는 없다. 기존의 동원과 대의 시스템이 누락하고 배제한 이들을 새로운 정치 주체로 복권한다는 점에서 정치를 혁신하고 민주주의를 풍요롭게 하는 긍정성도 함께 갖기 때문이다.

멕시코 정치학자 아르디티는 이런 맥락에서 포퓰리즘을 '민주주의의 증상'으로 규정한다. 이때의 증상은 단순히 병의 징표가 아니다. 이는 프로이트적 의미의 증상, 요컨대 자아(=제도적 민주주의)의 형성 과정에서 억압된 것들(=직접 통치를 향한 인민의 열망)이 무의식 형태로 잠재해 있다가 특정 계기(=지배 질서의 이완과 사회경제적 위기)를 만나면 꿈이나 말실수 등의 형태로 모습을 드러내는 대리 표상(=포퓰리즘 운동)에 가깝다. 따라서 포퓰리즘은 민주주의에 속하되 속하지 않는 이질적이며, 민주주의에 불안과 소요를 불러일으키는 어떤 것이다.

우파 판본 '윤석열 포퓰리즘'에도 일말의 긍정성이?

라클라우는 여기서 한 걸음 더 나아가 포퓰리즘을 '정치적인 것'

일반의 논리로 확장한다. 그가 볼 때 사회 안에는 행정적·제도적으로 충족되지 못하는 다양한 요구(불만과 충동)가 존재하는데, 이 요구들이 충족되지 못한 상태로 장기간 방치되면 '지배 질서로부터 수용이 거부되었다'는 공통의 처지에 근거해 '등가 사슬'(평등한 연대의 고리)이 만들어진다. 포퓰리즘은 이 요구들을 묶어 '인민'이라는 새로운 주체를 형성하고 '특권 세력'에 대항하는 정치적 경계(전선)를 만들어 내는 정치적 실천이다.

이런 점에서 포퓰리즘은, 사회 안에 분리된 채 존재하는 다양한 집단의 불만과 요구를 '포괄적 상징이나 기표'(이념이나 가치, 지도자의 이름)로 묶어냄으로써 낡은 헤게모니 질서를 대체할 새로운 정치 주체(인민)와 다수 의지(헤게모니)를 창출하는 담론 전략의 성격을 지닌다. 따라서 포퓰리즘엔 우파의 판본과 좌파의 판본이 모두 존재할 수 있다. 나아가 그 실천이 해방과 정의에 대한 대중의 열망을 동력으로 작동하는 한 그것은 항상 긍정적 요소를 포함한다고 봐야 옳다. 윤석열의 포퓰리즘도 예외는 아니다.

대선 국면을 전후해 윤석열이란 인물을 구심 삼아 작동했던 포퓰리즘은 명백하게 우파의 판본이다. 그것이 강조하는 건 공정과 상식, 자유민주주의(법치)의 회복인데, 하나같이 문재인 정부가 방기하거나 결핍했던 '공백'과 '결손'의 지점을 겨냥했다. 윤석열은 여기에 머무르지 않고 사회를 두 진영으로 분할했다. '국민' 대 '약탈 세력'이다. 약탈 세력은 리버럴 성향의 86세대 정치인과 친문재인 세력, 민주노총으로 상징되는 정규직 노조, 페미니스트, 진보 시민단체, 성소수자와 이주 노동자 등 윤석열과 주변 세력이 강한 적대감을 표출하는 대상이다. 윤석열의 포퓰리즘은 이 약탈 세력을 제외한 모든 이를 '국민'으로 호명했다. 고액납세자, 자산계급, 극우 노인층, 20~30대 남성, 전통적 보수 유권자, 양극화로 직격탄을 맞은 취약 계층 등이다.

이들은 노인과 전통 보수층에는 북한과 좌파 정치 세력을, 20~30대 남성 등 사회경제적 좌절을 겪은 집단에는 정규직 노조와 페미니스트, 성소수자, 이주 노동자를, 종합부동산세와 고액 재산세 납부자에겐 무능하면서 위선적인 86세대 리버럴 엘리트를 대립시켜 지지를 구축했다. 이 전략은 곳곳에서 가시적 성공을 거뒀으며, 그 성공에 힘입어 '촛불'에 쫓겨갔던 구세력은 '촛불 혁명'의 구현자를 자처했던 집단으로부터 정권을 되찾았다.

'5년짜리' 청와대 권력의 향배보다 중요한 것

이 상황을 낙관으로 가득 찼던 5년 전과 비교하면 어떤가. 2016년 촛불 집회와 박근혜 탄핵을 계기로 냉전 보수주의와 경제적 신자유주의가 낡은 지역 구도와 결합해 만들어진 우파 헤게모니는 회복 불능의 치명상을 입었다. 하지만 채 3년도 지나지 않아 전세는 역전되기 시작했다. 의회와 정당정치가 리버럴 내 소수 강경파에 휘둘리자 실망한 연합 세력 일부가 이탈 조짐을 보이더니, 2019년 조국 사태를 겪으며 구체제를 붕괴시킨 '촛불 동맹'이란 이름의 포퓰리스트 연합은 정치적 파탄을 맞았다. 여기에 부동산값 폭등과 경제 양극화라는 집권 세력의 통치 실패, 민주당 소속 광역단체장의 잇따른 성 추문 낙마, 파국으로 치달아간 검찰 개혁 갈등까지 겹치면서 여론 지형은 2021년 4월 재보선을 전후해 정권 심판론이 우세한 구도로 재편되고 말았다.

'반기득권 포퓰리스트 연합'의 붕괴로 만들어진 공백 지대로 윤석열·이준석의 우파 포퓰리스트 기획이 밀고 들어오는 상황에서, 윤석열 세력의 무능을 부각하거나 그 지지자들을 비합리적이고 충동적 열정에 사로잡힌 집단으로 규정지어 윤리적·정치적 경계선을 긋는 것은 부질없는 짓이었다. 현상을 타개하기보다 상대 진영의 반발과 국민 사이에 감정의 골만 깊게 할 공산이 컸던 탓이다.

관건은 인종적 배타주의와 소수자 혐오, 민주화 전통과 민주적 가치에 대한 조롱으로 분출되는 사회경제적 약자들의 불안과 불만, 변화를 향한 열망이 민주주의와 인권, 평등의 가치에 부합하는 방향으로 전환될 수 있도록 정교한 담론과 정치적 개입 전략을 만드는 것이다. 이때 중요한 게 익숙한 기존의 해석언어와는 다른 언어를 대중에게 제공하는 일이다. 대중의 정치적 선택은 항상 현실을 경험하고 해석하는 언어에 의존하기 때문이다.

5년짜리 청와대 권력의 향배에만 관심 쏟을 상황이 아니다. 스스로를 낙오자로 여기는 '을'들의 좌절감과 정치적 인정 욕망이 같은 처지의 '을'들을 향한 배제와 혐오의 언어가 아니라, 삶의 위기에 책임 있는 '갑'들을 직접 겨냥하는 정치 언어로 분출되게 해야 한다. 지금 여기 우리에게 필요한 건, 윤석열의 포퓰리즘과 다른 형태의 더 많은 포퓰리즘이다.

키워드 5 포퓰리즘

키워드 6 팬덤 정치

키워드 7 촛불과 태극기

키워드 8 미디어

‘팬덤 정치’, 민주주의의 열매이자 독

신진욱

이세영의 질문 20대 대선에서 몇몇 ‘남초’ 온라인 커뮤니티는 이준석 전 국민의힘 대표의 ‘안티페미니즘’ 정치에 큰 힘을 실어줬다. 한편 민주당 쪽에서는 ‘문파’, ‘명파’, ‘개딸’로 변신하며 소위 ‘팬덤 정치’가 계속되고 있다. 이런 정치 현상을 어떻게 봐야 하는가?

한 명의 최고 권력자를 선출하는 대통령 선거에서 언론과 시민의 관심은 온통 유력 후보들의 지지율과 득표율에 쏠리게 마련이다. 하지만 지난 20대 대통령 선거에서 정당들의 치열한 경합이 벌어진 몇 달 동안, 한국 사회의 저변에서는 주목해야 할 또 하나의 정치 현상이 일어나고 있었다. 아래로부터의 자생적인 정치적 의사 표현과 참여 행동이 뜨겁게 일어나고 있었던 것이다.

한 예로 대선 시기에 ‘남초 사이트’로 불리는 온라인 커뮤니티의 강한 안티페미니즘 여론은 이준석 당시 국민의힘 대표와 윤석열 후보 캠프의 핵심 전략으로 채택되었다. 한편 이재명 더불어민주당 대선 후보가 처음에 불분명한 태도를 보이다가 안티-안티페미니즘 노선으로 전환하게 한 것은 젊은 여성 유권자들의 집단행동이었다. 명확한 반혐오 입장이 모호한 태도보다 득이 크다는 계산식을 만들어 낸 것은 페미니스트들 자신이었다.

정당·정치인에게 영향 행사하는 정치 고관여층

이런 정치 행위는 때로 긍정적으로, 때로 부정적으로 평가되며, 또한 사람들의 관점에 따라 극단적으로 평가가 달라진다. 어떤 이는 촛불 집회를 찬양하지만 어떤 이는 회의적이다. 태극기 집회에 대해서도 마찬가지다. 온라인 우익 담론들은 표현의 자유를 행사하는 것이라고 주장하지만, 종종 여성·장애인·이주자·성소수자의 존엄과 안전을 위협한다. 정치인의 지지 그룹은 어떤 경우엔 자유롭고 독립적인 시민들이지만, 다른 경우엔 열광적이고 배타적인 추종을 하기도 한다.

우리는 이처럼 다양한 참여 행동 각각에 대해서 규범적인 판단만 할 것이 아니라, 이들을 관통하는 21세기 한국 정치의 변화된 양상을 좀 더 깊이 이해할 필요가 있다. 무엇보다 중요한 것은 2000년대 초반에 시작된 촛불 집회부터 최근의 '정치 팬덤'에 이르기까지 이 모든 자생적 참여 행동이 민주화가 진전된 결과이며, 그와 동시에 여기에는 민주주의를 그 내부에서 부식시킬 위험이 내포되어 있다는 역설을 이해하는 일이다.

오늘날 시민들의 정치 참여 행동은 한국 사회와 정치의 더 깊은 구조적 변화의 한 장면이다. 지금 이 나라에선 남녀노소 할 것 없이 점점 더 많은 시민이 정치에 지대한 관심을 가지며, 정치에 관한 많은 지식과 정보를 얻고 있다. 나아가 정치 고관여층은 특정 정당이나 정치인을 단지 지지하는 것만이 아니라, 그들에게 영향을 행사할 수 있는 능력과 자원을 갖게 되었거나 가질 수 있길 열망한다.

이는 이제 정치가 선거 이상의 것을 의미한다는 뜻이다. 투표권은 현대 민주주의에서 시민이 행사할 수 있는 가장 기본적인 정치적 권리다. 하지만 오늘날 민주주의에서 정치 참여는 투표권 행사라는 제도화된 형태를 완전히 뛰어넘는 다양한 지대들로 확장되고 있다. 이제 사람들은 몇 년에 한 번 투표장에 가는 것에 만족하지 않는다.

촛불 집회나 태극기 집회 등 대중행동을 벌이거나, 온라인 커뮤니티에서 정치 현안에 관한 여론을 형성하거나, '팬 그룹' 형태로 정치인의 지지자 집단을 형성하거나, 정당 당원으로 가입해 당의 노선과 지도부의 선출에 조직적인 영향력을 행사하려 한다. 즉 한국 정치를 움직이는 주체가 제도권 정치 계급의 울타리를 넘어서 다양한 연령, 성별, 계층의 시민들로 확장된다는 것이다.

'권력'이 되어가지만 그만큼의 '책임'은

이처럼 열정적으로 정치에 참여하는 시민들은 정치를 움직이는 힘을 증대하고 있다. 정치 무관심층은 오직 정치에 영향을 받기만 할 뿐이고, 투표권 행사에 만족하는 시민들은 정치에 딱 1인분의 영향을 미친다. 그에 반해 정치 고관여층은 현실을 바꾸기 위해 열정적으로 개입하며, 실제로 정치의 판세를 변화시키는 데 성공한 효능감은 이들을 더 강렬한 개입으로 이끈다.

'문파'가 문재인 정권의 입지와 행동에 영향을 미치지 않았다면, '태극기 부대'가 보수 시민을 동원하며 자유한국당의 선택을 제약할 힘이 없었다면, 인터넷 사이트 '에펨코리아'나 '클리앙'의 분위기가 젊은 유권자들의 여론과 정당의 당론에 영향력을 끼치지 않았다면, 이들에 대한 우리 사회와 정치권의 관심이 이렇게 크지 않았을 것이다. 말하자면 시민들의 정치 참여는 점점 '권력'이 되었고, 그만큼 '책임'이 뒤따른다.

역설적으로 민주적 권리 행사로서 정치 참여는 민주주의의 독이 될 수 있다. 사회학자 마이클 만Michael Mann은 현대의 '인종청소'의 사례들을 연구한 탁월한 저서인 《민주주의의 어두운 이면》(*The Dark Side of Democracy*)에서 현대 민주주의가 '민民의 통치'라는 이상을 추구하지만 여기서 그 '민'이 어떻게 이해되느냐에 따라 민주주의 이념은 다원주의적 상호 인정과 이익 조정을 뜻할 수도 있고, 배타적이고 독단적인 이데올로기로 변질될 수도 있음을 경고했다.

무엇보다 자신들이 진정한 '국민의 뜻'을 대변한다고 믿는 일군의 대중이 열렬히 정치에 관여해 영향을 미칠 때, 이 설익은 주권자 민주주의의 열정은 위험한 것이 된다. 더구나 정치 엘리트들이 사회의 다양한 이익을 조정할 능력은 없으면서, '국민'을 대변한다는 앙상한 관념에 지배되어 일부 결집한 대중의 요구에 따른다면 그것은 곧 정치의 실종을 의미한다.

독재 시대에 민주주의는 김지하 시인의 절규처럼 현실에 부재한, 그러나 "타는 목마름으로" 갈망했던 무엇이었다. 그 민주주의가 이 땅에 온 지 30년이 넘었다. 이제 점점 더 분명해지는 사실은, 추상적으로 열망했던 민주주의라는 이념이 피상적으로 이해될 때 현실에서 그것은 민주주의를 부식시키는 독이 될 수도 있다는 것이다. 이제는 '어떤 민주주의인가?', '어떤 시민, 어떤 참여인가?'를 물어야 할 때다.

정치 시장과 시민정치, 팬덤 문화의 만남

이제 민주주의가 독재 체제의 등장으로 붕괴할 가능성보다는, 유권자의 일부만을 대표하면서 '국민'의 이름으로 권력을 행사하는 정치가 민주주의를 그 내부로부터 허물어뜨릴 가능성이 더 크다. 열정적으로 참여하는 집단이 정치를 독단적으로 장악하면 제도로서 민주주의가 위험에 처할 수 있다는 것, 이것을 이스라엘의 사회학자 슈무엘 아이젠슈타트Shmuel Eisenstadt는 '민주주의의 이율배반'이라고 불렀다.

시민들의 활발한 정치 참여의 긍정적 의의와 부정적 잠재성을 동시에 보여주는 하나의 흥미로운 예가 바로 '정치 팬덤'이라고 불리는 정치인 지지 행동이다. 여기서 '정치 팬덤' 또는 '팬덤 정치'는 학문적으로 정립된 개념이 아니며, 이 용어가 지시하는 현상을 정확하게 포착한다고 보기도 어렵다. 그래서 종종 '정치의 인물화(personalization)', '인물 지지 정치' 등으로 불리기도 한다.

인물 중심 정치 자체는 역사적으로 새롭지 않다. 민주화 이후 한국 정치는 김영삼·김대중·김종필의 '3김' 보스 정치 때부터 인물 중심이었다. 어떤 의미에서 대통령제 자체가 한 명의 인물에게 관심이 집중되는 정치제도다. 더 근본적으로는, 현대 민주주의가 오직 조직과 시스템으로 작동하는 체제라고 말할 수도 없다. 모든 이상과 열망은 구체적 인간으로 구현되어야 하기 때문이다.

특히 '정치 팬덤'이라고 불리는 형태로 인물 지지 정치가 진화한 데는 몇 가지 정치사회적 변화가 작용했다. 우선 정당정치 영역에서, '3김' 분점 시대가 끝나고 정당과 정치인이 유권자에게 경쟁적으로 구애하는 '정치 시장'이 본격적으로 형성되었다는 것이 기본 배경이다. 지지자를 확대·관리하고 그들의 욕구와 기대를 충족해야 경쟁에서 살아남는 시대다.

시민정치 영역에서 살펴보자면, 민주화가 심화하는 과정에서 시민들의 주권자 의식이 강해지고 그에 따라 정치 참여와 영향력 행사의 욕구가 커졌다는 점이 중요한 배경이다. '노사모' 현상이 등장한 2000년대 초반 이래 시민들의 정치에 관한 관심, 정보와 지식이 꾸준히 확대되었다. 거기에다 정보사회 환경에서 시민들은 거대 조직에 의존하지 않고 서로 연결하고 집합 행동을 벌일 자원과 능력을 보유하게 되었다.

이처럼 정치인은 정치 시장에서 생존하고 성공하기 위해 지지층을 필요로 하고, 시민은 세상을 바꿀 힘을 갖기 위해 정치인을 필요로 한다. 그런 쌍방적 필요를 충족하는 대안으로 '팬덤' 형태가 발전한 세 번째 이유는, 정치 참여가 보편화하면서 정치와 비정치의 경계가 흐려졌기 때문이다. 연예인 팬들은 집회 시위 등 원래 정치적이던 행동 양식을 취하는가 하면, 정치 참여 시민들은 원래 비정치적이던 팬덤의 행동 양식을 취하는 등 기존의 경계를 뛰어넘는 경향이 최근 많아졌다. 사회학자 제니퍼 얼Jennifer Earl이 분석했듯이, 비정치적 팬덤과 정치적 행동 양식이 이전까지의 경계를 '점프'해서 혼합되는 것이다.

팬덤의 우정과
공적 책임 사이

정치인과 '팬'의 관계는 과거의 지도자-추종자 관계와 질적으로 다르다. 위계적 문화 시대에 대중이 비범한 영웅적 지도자를 원했다면, 수평적 문화 시대에 사람들은 자신과 다르지 않은 듯 친근하면서도 '보통 사람'을 대변해 줄 친구를 원한다. '권위의 카리스마'가 아니라 '공감의 카리스마'다. 그러므로 정치인이 그 지지자들에 대한 타인의 비난에 동조하거나, 지지자들을 권위적으로 설득하려 드는 것은 우정의 배신이 된다.

촛불 시민, 애국 시민, 당원, 키보드 워리어, 팬클럽 등 형태는 다양하지만 그 욕망은 같다. 정치와 세상을 바꾸는 주인이 되고 싶다는 것이다. 하지만 문제는 '국민'이 하나가 아니며, 저마다 다른 방식으로 나라를 사랑한다는 것이다. 그중 어느 편에 서 있건, 차이를 받아들이고 끈기 있게 설득하며 통합할 줄 아는 것이 정치의 역할이다. 지지자들에 대한 우정을 넘어, 공동체에 대한 공적 책임과 대승적 사랑이 요구되는 것이다.

팬덤은 책임지지 않는다

이세영

신진욱의 질문 정치 팬덤의 영향력이 날로 커져가고 있다. 정당과 정치인은 왜 팬덤과 강성 지지층의 압력에 휘둘리는가?

> 그러나 누구인가 당은 / 전화가 있는 건물에 앉아 있는 것이 그것인가 / 그 생각은 비밀이고 그 결정은 알려져서는 안 되는 것인가 / 누구인가 그것은 // 우리들이다 그것은 / 당신이고 나고 당신들이다. 우리 모두인 것이다.[×]

팬덤과 열성 당원들의 조직적 압력에 휘청대는 더불어민주당을 보면 귀때기 새파랗던 시절에 읽은 베르톨트 브레히트Bertolt Brecht의 시가 떠오른다. 1950년대 동독 공산당의 경직된 비밀주의를 겨냥한 것으로 짐작되는 이 시는 '전사 시인' 김남주의 번역으로 1988년 초판이 나온 시선집 《아침저녁으로 읽기 위하여》에 실려 있다.

× 베르톨트 브레히트 외 3인 지음, 김남주 옮김, 〈그러나 누구인가 당은〉, 《아침저녁으로 읽기 위하여》, 푸른숲, 2018.

당심과
민심의 괴리

이 시는 1990년대 중반 신좌파 학생 그룹에서 유통되던 정치 팸플릿에서 처음 접했다. '민주주의와 함께 가는 사회주의'라는 슬로건 아래 구좌파 정당들의 관료주의를 비판하며 내부 민주주의의 강화를 역설하는 내용이었다. 숨 막히는 레닌식 '민주집중'의 원리 대신, 이견이 허용되는 토론, 아래로부터의 참여를 통해 움직이는 민주적 사회주의 정당이라니, 생각만 해도 심장이 쿵쾅거렸다.

그 시절 우리가 동경했던 정당 민주주의는 2000년대 한국의 리버럴 정당에서 핵심적 당내 개혁 의제로 떠올랐다. 사실상 최초의 정치인 팬덤이었던 '노사모'(노무현을 사랑하는 사람들의 모임) 회원들이 '난닝구'(호남 기반 당권파)가 지배하는 민주당의 체질을 바꾸려면 안에 들어가 당을 접수하는 길밖에 없다며 대대적 입당 운동을 펼치던 시절이다. 하지만 노무현 정권의 인기 하락과 민주당 분당, 대선·총선 참패를 겪으며 그런 움직임도 흐지부지되었다.

'당원 민주주의'라는 가치를 내걸고 특정 정치인을 중심으로 뭉친 열성 지지자들이 당 지도부와 공직 후보자 선출, 당의 중요한 의사결정에 직접적인 영향력을 행사하기 시작한 건 트위터 같은 소셜 미디어가 보편화되고 모바일 투표라는 새로운 참여 수단이 확보되면서다. 투철한 팬심과 비상한 사명감으로 무장한 모바일 전사들이 민주당의 당원 게시판과 온라인 커뮤니티를 휩쓸며 당의 여론을 움직였다.

2012년 문재인의 민주당 대선 후보 선출, 새정치민주연합 시절의 친문-비문 계파 갈등, 문재인과 박지원이 당권을 두고 격돌한 2015년 전당대회와 2016년 분당에 이르는 중대 고비마다 이들이 펼친 활약은 눈부셨다. 온라인 좌표 찍기, 게시판 댓글 도배, 특정인을 겨냥한 문자 폭탄이 무기였다. 이들의 조직된 힘이 필요했던 정치인들은 네트워크 정당, 모바일 정당, 시민 참여 정당 같은 정당 개혁 담론으로 화답했다.

문제는 열성 당원과 팬덤의 발언권이 커질수록 '당심'과 '민심'의 괴리도 함께 커졌다는 사실이다. 지난 대선에서 패배한 뒤 더불어민주당이 벌인 '검수완박(검찰 수사권 완전 박탈) 속도전' 역시 지지층 여론(당심)과 일반 여론(민심) 사이에 온도 차가 적지 않았다.

실제 대선 직후 분출되던 성찰과 쇄신의 목소리는 '검수완박'을 향한 이상 열기에 묻혀 언제부턴가 더는 들려오지 않았다. 2021년 4·7 재보궐 선거 참패 뒤 민주당이 보인 모습과 달라진 게 없었다. 당시의 재보선 민심을 '민생 이슈에 집중하라'는 의미로 받아들인 소수파의 목소리는 '더 철저한 검찰·언론 개혁이 필요하다'는 당 주류와 강성 권리 당원들의 기세에 힘을 잃었다.

정당 내부 민주주의와 대외 경쟁력

'정당이 얼마나 민주적이어야 하는가'는 지도부와 당원, 다수파와 소수파 사이의 갈등이 불거질 때마다 논쟁의 최전선에 불려 나온 주제다. 극단적 당원 민주주의를 강조하는 쪽에선 '당내 민주주의 없이 당 밖의 민주주의도 없다'는 견해를 고수한다. 그러나 조반니 사르토리Giovanni Sartori나 샤트슈나이더 같은 현실주의 정치학자들은 민주주의를 '정당 간 상호 경쟁'이 만들어 내는 정치적 결과물로 본다. 국가라는 정치 공동체에 중요한 것은 '정당이 주체가 되는 민주주의'이지 '정당 내부의 민주주의'는 아니라는 얘기다. 요컨대 "민주주의는 정당 안이 아니라 정당 사이에 있는 것"(샤트슈나이더)이다.

물론 내부 운영이 민주적이면 정당에 대한 유권자의 신뢰가 커지는 장점이 있다. 문제는 내부 민주주의가 잘 작동한다고 해서 그 정당의 대외 경쟁력까지 함께 상승하는 것은 아니라는 데 있다. 오늘날 당내 민주주의가 강조되는 정당이 어떤 곳인지를 봐도 알 수 있다. 대부분 사회운동 조직에 뿌리를 둔 운동 정당이나, 규모가 작은 계급·이념 정당이다. 한국에선 녹색당, 정의당 등이 여기에 속한다. 이들 당에는 집권이 아닌 정치적 영향력 확대가 최대 관심사다.

그러나 집권이 목표인 정당이라면 달라야 한다. 다수 유권자의 선호를 정확히 파악하고 그 흐름에 신속하게 반응하는 게 필수다. 하지만 집권을 노리는 규모 있는 원내 정당들에서도 당심의 중요성을 이야기하며 당원 권리의 확대를 요구하는 움직임은 끊이지 않는다. 2012년 이후 민주당에서 공직·당직 선거의 흐름을 좌우한 것도 활동력이 왕성한 열성 당원들과 특정 정치인을 중심으로 뭉친 정치 팬덤이었다.

그렇다면 대규모 정치조직인 현대 정당은 왜 소수의 강경파와 적극적 팬덤에 취약한가. 다름 아닌 '참여의 격차' 때문이다. 민주주의와 대의정치의 원활한 작동을 위해선 시민이든 당원이든 아래로부터의 참여가 필요하다. 거기엔 적잖은 비용이 든다. 시간과 노력, 열정을 가진 소수만이 정당의 의사결정에 참여할 수 있다는 뜻이다. 참여의 문턱 앞에서 머뭇거리지 않는 건 확고한 정치 신념의 힘이기도 하다. 신념에 대한 이들의 헌신은 종교적 열정에 견줄 정도다.

티파티에 휘둘리던
미국 공화당의 '조직화된 침묵'

이들은 소수임에도 자기들보다 100배는 많은 일반 당원이나 지지자들보다 뜨겁고 적극적이며 희생적이다. 당적을 가진 정치인 팬덤 한 사람이 어쩌다 당내 투표에 참여하는 일반 당원 100명 몫을 능히 감당해 내는 것이다. 그러니 이들의 눈 밖에 나면 아무리 선수가 높고 경험이 풍부한 중진 정치인도 속수무책으로 정치생명을 위협받는다.

이런 현상은 한국 정치에만 국한되지 않는다. 버락 오바마 정권 시절, 미국 공화당의 의사결정을 쥐락펴락한 것은 소수의 '티파티'였다. 의원들은 티파티에 찍힐까 봐 전전긍긍했다. 2013년 10월 '오바마케어 폐지'를 요구하며 연방정부 셧다운(일시적 업무정지) 사태를 초래했다가 거센 역풍을 맞은 것도 티파티의 압력에 떠밀린 결과였다. 이후 공화당 안에서도 '더 이상 티파티에 끌려다녀선 안 된다'는 우려가 커졌지만 누구도 이를 공론화하지 못했다. 응징의 대상이 되지 않을까 하는 두려움, 아무리 떠들어도 달라질 게 없으리라는 체념과 절망감이 만들어 낸 '조직화된 침묵'이었다.

팬덤과 당내 강경파에 휘둘리는 요즘 민주당의 정치 행태를 '파시즘' 틀로 해석하려는 움직임도 있다. 하지만 적정 수위를 넘어선 '지도자 숭배'와 '희생자 의식', '정치적 공격성' 등의 양태는 '역사적 파시즘'보다는 '팬덤 정치' 일반의 특성에 가깝다. 이런 점에서 지난 몇 년간 민주당의 중요한 의사결정에서 보인 도착倒錯과 전치轉置의 메커니즘을 이해하는 데는 전전戰前 일본의 통치 메커니즘을 해부한 마루야마 마사오丸山眞男의 분석 틀이 유용해 보인다.

마루야마가 볼 때, 팽창기 일본의 대외 정책에서 극단 노선을 주도한 것은 내각과 군부의 고위층이 아니라, 정권 주변의 우파 낭인과 강경 지지 세력에 연결된 중간 실무자, 하급 장교 그룹이었다. 내각과 군의 수뇌부에는 책임정치에 필요한 자발성과 책임 의식이 부재했다. 수뇌부를 구성하는 인물들은 통치에 필요한 권위를 오직 '절대적 가치의 중심'인 최고 지도자(천황)로부터의 물리적·감각적 근접성에 의존했기 때문이다.

이재명 팬덤의 원형 격인 문재인 팬덤의 작동 구조 역시 이와 유사해 보인다. 노무현에서 문재인으로 승계된 '절대적 권위'를 중심축 삼아 권력이 동심원을 그리며 분배되는 위계 구조 속에서, 각 단계의 권력 주체들은 정당성의 원천을 자기 내부에 갖기보다 '중심으로부터의 거리'에 의존한다. 위계 서열을 이루는 각 주체의 자발성과 책임 의식은 애초부터 기대하기 어려운 구조다. 그 결과 중심의 권위가 약해질수록 각 단계의 의사결정은 '아래로부터의 압력'에 취약해진다. 독자적 권위와 힘을 갖고서 아래를 통제하고 규율할 역량이 처음부터 부재했기 때문이다.

위기가 닥치면 아래로부터 불만의 역류를 막기 위해 무책임한 여론에 편승해 즉흥적 의사결정을 남발하는 것이다. 임기 말이 다가올수록 팬덤과 밀착도가 높은 중하위 그룹이 '개혁 완수'와 '지도자 수호'를 명분 삼아 지도부를 흔들고, 당 전체의 의사결정을 주도하는 배경이다.

누구도 결정에 책임지지 않는 '무책임의 체계'

팬덤이 지배하는 정치의 가장 큰 문제는 잘못된 결정의 책임을 묻기가 어려워진다는 데 있다. 지도부는 자신들을 압박한 소장 그룹에, 소장 그룹은 다시 강성 팬덤에 책임을 미루지만, '익명의 다수'는 책임질 수 없고, 책임을 이양할 대상도 없다. 그 결과 목격하는 것은 누구도 결정에 책임지지 않는 거대한 '무책임의 체계'다. 이런 상황에서 '리더십과 팔로어십의 조화'니 '시민·당원의 자발성과 지도부의 책임성 사이의 균형' 같은 교과서적 대안은 공허하게 들린다.

70년 전 시인의 직관에 기대를 걸고, 먼지 앉은 시집을 다시금 펼쳐본다. 길은 역시 '책임 있는 결정'과 '부단한 소통', '진심 어린 설득' 외에 없다는 얘긴가.

> 당신이 우리들이 가야 할 길을 제시하면 우리들은 / 당신과 함께 그 길을 간다 그러나 / 바른길도 우리를 빼고는 가지 말라 / 혼자서 가는 길은 / 가장 옳지 않은 길이다 / 우리들과 떨어져서 가지 말라! / 우리들이 잘못이고 당신이 옳을지도 모른다 그러나 그렇다고 해서 / 우리들과 떨어져서 가지 말라!×

× 앞의 책.

키워드 5　포퓰리즘

키워드 6　팬덤 정치

키워드 7　촛불과 태극기

키워드 8　미디어

'시민 없는 시민단체'의 허상과 실상

신진욱

이세영의 질문 시민단체들의 정치적 영향력과 사회적 신뢰가 예전 같지 않다. 정부 지원금을 타거나 정치권에 가기 위한 수단으로 전락했다는 비판도 있다. 하지만 일반 시민들의 사회참여는 점점 더 다양해지고, 각종 단체와 네트워크의 양적 성장도 계속되고 있다. 한국 시민사회는 지금 어떤 상태에 있는가? 정치 변화를 이끌어 낼 저력이 있는가?

"'시민단체' 하면 사람들은 권력, 정치권, 시민과 동떨어진 그런 걸 떠올리는 것 같아요."
"어디 가서 시민운동 한다고 하면 민주당 쪽이라 생각해요."
"주민들은 시민단체가 관이랑 끈이 있는 사람들, 돈 끌어올 수 있는 사람들이라 보죠."
"사람들한테 신뢰를 얻으려면 시민단체라고 하면 안 돼요. 구체적으로 환경 단체, 인권 단체, 이렇게 말해야죠."

시민사회 활동가 수십 명을 만나 인터뷰하면서 반복해 들은 이야기다. 학문적으로 '시민사회'라는 개념은 자발적 결사체들의 장場, 시민들이 각자 추구하는 공동선을 위해 활동하는 사회적 영역을 뜻한다. 그런 의미의 시민사회 단체에는 사회운동 조직, 주민 단체, 협동조합, 비영리 기구 등 다양한 유형이 포함된다. 한국엔 수만 개의 이런 단체가 있는데 대부분은 권력이나 이윤과 무관하다. 그런데 왜 권력화된 집단이라는 허상이 생겼을까? 한국 시민사회의 실상과 풀어야 할 진짜 문제는 무엇인가?

시민들의 신뢰 못 얻고 있는 '시민단체'

현대의 시민사회 이념들은 시민들이 만나고, 조직하고, 숙의하는 행동이 정치권력으로부터 독립된 사회적 연대와 자율의 공간을 창출한다고 믿었다. 하지만 지금 한국에서 '시민단체'는 때론 그와 전혀 다른 의미로 이해된다. 시민과 분리된, 권력에 가까운, 그러면서 시민을 위한다고 말하는 기득권층으로 인식될 때도 있다.

그런 시선에 비친 시민단체는 정치 세력과 긴밀한 네트워크를 갖거나, 정부 지원금으로 연명하거나, 공공사업을 명목으로 이득을 취하거나, 시민이 일군 사회적 자산을 개인 자산으로 삼아 정치권·공공 기관에 자리를 얻어가는 사람들로 그려지는 것 같다. 시민사회 이념과 정반대 이미지가 지금 한국에선 '시민단체'라는 단어에 부착되었다.

물론 이런 부정적 담론은 정치권과 언론의 프레임이 만들어낸 면이 없지 않다. 악의적인 사실 왜곡, 시민 활동에 대한 폄훼, 정치적 오용 등 많은 문제가 있다. 윤석열 정부가 일부 보수층의 박수를 받아 밑바닥 지지율을 끌어올려 보려고, 그동안 어떤 보상도 없이 공동체를 위해 헌신해 온 수많은 시민단체를 잠재적 부패 세력으로 매도하고 있는 것을 우리는 지금 보고 있다.

하지만 그런 문제와 별개로, 시민단체에 대한 시민들의 신뢰 저하가 지난 10여 년간 꾸준히 지속되어 왔다는 사실을 진지하게 성찰할 필요가 있다. 정한울 한국리서치 전문위원의 연구에 의하면 2000년대 초까지 '가장 신뢰받는' 기관이었던 시민단체가 참여정부 후반부터 신뢰를 잃기 시작해 2016년에는 정부, 언론, 경찰보다 신뢰받지 못하는 기관이 되었다. 이런 추이는 응답자의 이념 성향이 진보든 보수든 큰 차이가 없는 것으로 나타났다. 보수 시민들의 편견이나 보수 언론 프레임의 영향으로만 볼 수 없다는 것이다.

문재인 정부 5년을 지나면서 시민단체에 대한 시민들의 신뢰는 개선되지 않은 듯하다. 한국행정연구원의 2021년 사회통합실태조사 결과를 보면 시민단체보다 신뢰도가 낮은 기관은 국회와 노조밖에 없었다. 시민단체를 신뢰한다는 응답자 비율(53.4%)이 시민단체의 비판·감시 대상인 금융기관(66.2%), 대기업(56.7%), 정부(56.0%)보다 낮았다. 시민단체의 감시와 비판 대상인 기관들보다도 시민들의 신뢰를 못 받는다는 건 뼈아픈 일이다.

이 충격적인 현실은 비단 시민단체에만 국한되지 않을지 모른다. '공익' 활동, '사회적' 기업, '비영리'단체 등이 모두 그런 의혹의 시선에서 자유롭지 않다. 그러므로 시민사회에 대한 이런 인식에서 무엇이 진실이고 오해인지, 문제가 있다면 정확히 무엇이 문제인지, 왜 그런 문제가 생겼는지, 그리고 오늘날 한국 시민사회의 새로운 긍정적 잠재성은 어디에 있는지 냉정한 분석과 더불어 미래를 위한 진지한 토론이 필요한 때인 것 같다.

정치권과 시민사회 엘리트 개혁 동맹의 명과 암

시민단체가 시민과 유리된 권력 집단이 되었다는 인상은 민주화 이후 10여 년 동안 한국 시민사회의 성장을 주도한 단체들의 전문화, 제도화 경향과 더불어, 그러한 과정을 주도한 시민단체 엘리트들의 특성에 기인하는 바가 크다.

이 단체들의 리더·활동가들과 그에 연계된 진보적 전문가 집단은 정부, 정당, 언론, 법원 등 한국 사회의 제도 권력과 때론 충돌하고 때론 협상하면서 복지, 여성, 환경, 인권 등 많은 분야에서 법과 제도 개혁을 달성했다. 그 과정에서 이 단체들의 활동 방식과 지식 기반은 점점 더 전문화되었고, 일반 시민은 회원에 머물러 변화의 주인공이 되기 어려워졌다. '시민 없는 시민단체'라는 인상은 민주화 이후의 이런 변화들과 관련이 있다.

시민운동을 주도한 세력은 민주화 운동 참여나 대학 운동권 학연으로 이어진 엘리트 네트워크를 형성했다. 여기에는 운동

단체 리더, 교수, 변호사 등 고학력 전문직이 다수 포함되는데, 이 중 일부가 이후 정치권으로 나아갔고, 노무현·문재인 정부에서 고위 공직자나 공공 기관장이 되었다. 이에 따라 정권과 시민사회 사이에 조직적으로는 언제나 긴장 관계가 있지만, 그 지도층 수준에선 인적 연계가 있다. 그래서 시민단체 활동가들은 늘 정부와 다투며 무력감을 호소하는데, 단체 리더들은 권력과 밀착되었다는 의심을 받는다.

이 같은 정치-시민사회 엘리트 연계는 제도와 정책 발전에 부정적이지만은 않다. 시민사회 행위자들이 추구하는 개혁 의제들은 정부·정당이 시민단체에 적대적일 때보다 우호적일 때 실현될 가능성이 크다. 하지만 그런 긍정적 기능은 시민사회가 정치에 대해 힘의 우위, 또는 최소한 분명한 자율성을 가질 때 실현될 수 있다. 바로 그 지점에서 문제가 발생한다. 민주당을 '활용'하니, '견인'하니 하지만 민주당은 시민사회에 협력만을 요구했지 비판에는 귀 기울이지 않았다. 그런 가운데, 정치권에 들어간 시민사회 출신 인사들은 정치를 바꾸는 선례를 만들지 못한 반면, 정치를 바꾸려는 시민단체들까지 정치권과 밀착된 것으로 오해받곤 했다.

주민운동, 협동조합, 네트워크형 사회운동 등 다양화

하지만 위와 같은 사실만 놓고 오늘날 한국 시민사회가 전반적으로 권력화되었다거나, 정부에 종속적으로 되었다거나, 독립적인 힘을 잃었다고 말한다면, 그것은 2000년대 이후 시민사회에 일어난 커다란 구조적 변화를 모른 채 여전히 1990년대에 생각이 머물러 있는 관점이라 할 수 있다.

변화의 핵심은 전통적인 운동 단체뿐 아니라 각양각색의 비영리단체, 협동조합, 사회적 기업, 풀뿌리 주민 단체, 비공식적 소모임과 네트워크가 급증하면서 시민사회 생태계가 매우 다양해지고 확장되었다는 사실이다. 한때 한국 시민사회를 대표한다고 자부했던 노동·시민단체들은 이처럼 분화된 새로운 생태계의 한 부분으로 그 위치와 역할이 바뀌었다.

이 추세에는 2000년대 이후 정치 환경과 법적·제도적 조건의 변화도 영향을 미쳤다. 김대중 정부 때 제정된 비영리민간단체지원법(2000), 노무현 정부 때 제정된 사회적기업육성법(2007), 이명박 정부 때 제정된 협동조합기본법(2012), 박원순 서울시에서 시작해 전국으로 확산한 지자체의 민관 협력 거버넌스 정책 등 일련의 법제 환경 변화가 시민사회단체 설립과 제도화를 촉진했다.

그뿐만 아니라 촛불 시민 모임, 페미니즘 소모임, 주민 독서모임 등 수많은 비공식 커뮤니티가 생겨났다는 사실도 중요한 변화다. 이들은 공식 통계에 드러나지 않는 거대한 미시적 시민사회의 장을 구성한다. 사회운동 연구자들은 이 같은 비공식적 '사회운동 공동체'들이 공식적인 '사회운동 조직' 못지않게 중요하다고 본다. 그러한 토대 위에서 시민은 정치사회적 이슈가 점화될 때 거대 단체에 의존하지 않고 행동할 역량을 갖게 되었다.

이런 변화는 우리가 이름을 알고 있는 몇몇 '시민단체'로 축소할 수 없는 한국 시민사회의 발전상과 새로운 잠재성을 보여준다. 그러나 시민 활동의 제도적 장이 점점 더 분화하고 다양화하는 과정에서, 과거에 민주화 운동을 계승한 시민운동 단체들의 문제와는 전혀 다른 새로운 문제와 극복할 과제가 생겨났다는 점을 또한 주목해야 한다.

분산된 힘 연결하고 개혁 역량 키워야

우선 시민 활동과 조직 형태의 다양화와 분화가 계속되면서, 시민사회의 전체 장 안에서 현 사회질서에 대해 더욱 근본적인 비판과 개혁을 추구하는 운동의 상대적 위상이 과거보다 약화했다. 물론 최근 페미니즘 운동이나 기후 행동이 활발해지는 등 의제에 따라 차이와 변화 주기가 있지만, 전반적으로 사회운동 부문의 규모와 영향력이 작아졌다.

또한 그동안 빠르게 팽창한 사회적 경제나 민관협력 거버넌스처럼 시민사회가 시장 또는 정부 논리와 혼합되는 '제도적 접경지대'에서 시민사회의 자율성과 정체성이 위협받는 측면이 있다. 한국에서 사회적 기업이나 협동조합 지원은 정부의 산업·고용·복지 정책으로서 성격이 강했다. 정부가 주도하고 시민은 그에 종속되기 쉬운 구조다.

거버넌스 역시 중앙정부-광역-기초단위로 내려오는 상명하달식 민간 지원 또는 위탁 사업 성격이 많기에 시민 주도적 협치가 실현되기 어려운 상황이다. 더구나 중앙 정치에서 시민사회 활성화를 위해 여러 정책이 나와도 공공과 시민의 접촉면에서 공무원은 시민 활동의 가치와 특성을 인식도, 인정도 못 하면서 성과만 추구하는 경향이 있다.

이처럼 시민단체의 전문화, 제도화, 엘리트 네트워크가 1987년 민주화 이후 급성장한 1세대 시민단체의 내재적 위험을 발생시켰다면, 2000년대 이후 확장된 다양한 새로운 영역은 정부와 지자체, 기업과 주체적 관계를 맺고 영향력을 행사할 수 있는 사회적 연대와 공동체 기반, 자율적 역량을 발전시켜야 하는 과제를 안고 있다.

수만 개의 비영리·공익단체와 협동조합, 사회운동 단체, 그보다 더 많은 비공식적 임의단체와 주민 공동체들이 어떻게 서로 연결하여 정부·기업의 거대 권력과 대등한 위치에서 때론 협력하고 때론 대결할 수 있을 것인가. 이 측면에서 시민들이 무력하게 남아 있을 것이냐, 과거의 엘리트 네트워크와 다른 연대의 모델을 창출할 것이냐가 관건이다.

반복되는 열광과 환멸의 시간

이세영

신진욱의 질문 미군 궤도 차량에 치여 숨진 두 여중생을 추모하는 촛불이 2002년 12월 서울 광화문광장을 가득 메운 뒤 촛불은 2000년대 한국의 거리 정치를 대표하는 상징으로 떠올랐다. 촛불은 앞으로도 주기적 출몰을 반복할까? 나아가 한국 민주주의의 궤도 이탈을 막는 최후의 보루 역할을 이어갈 수 있을까?

> 나는 인제 녹슬은 펜과 뼈와 광기 / 실망의 가벼움을 재산으로 삼을 줄 안다 / 이 가벼움 혹시나 역사일지도 모르는 / 이 가벼움을 나는 나의 재산으로 삼았다.*

한국 정치는 변화무쌍하다. 기성 질서를 뒤흔드는 열정과 에너지가 예고 없이 분출했다 소멸하기를 주기적으로 반복한다. 그 역동성의 상징이 촛불이다. 등장부터 극적이었다. 2002년 초겨울, 길 가던 여중생을 궤도 차량으로 치어 숨지게 한 미군 운전

× 김수영, 〈그 방을 생각하며〉 중에서.

자에게 미국 군사법원이 무죄를 선고했다. 분노한 무명 청년의 호소에 서울 한복판에 3천 개의 촛불이 피어올랐다. 누군가는 횃불이 되기를 포기한 그 섬약한 소시민성을 냉소했으나, 이후의 상황 전개는 경이로웠다. 3천은 3만이 되고, 3만은 다시 30만이 되었다. 보름이 채 안 되는 기간에 벌어진 일이었다.

리버럴 중산층에 최적화된 21세기형 집합행동

비추고 밝히는 광원光源으로서의 실질 기능은 촛불에서 사라진 지 오래다. 이 기능 상실은 부차적이었던 영성적·제의적 기능을 한층 도드라지게 했다. 우연한 계기에 집단적 추모 이벤트와 접속한 촛불은 어느 순간 집합적 소망과 의지를 투사하는 정치적 매체로 진화했다.

한데 모인 촛불은 횃불보다 강력했다. 확산 속도와 파급 범위 모두 압도적이었다. 촛불은 집합행동의 진입 장벽을 크게 낮췄다. 희생과 불이익을 감수하겠다는 결단 없이도 정치적 항의의 장에 뛰어들 기회를 누구에게나 열어놓았다. 이런 점에서 촛불로 매개된 대규모 평화 집회는 리버럴 성향의 고학력 중산층에 최적화된 21세기형 집합행동이었다.

출발부터 순탄했던 것은 아니다. 촛불 시대의 개막을 알린 2002년 '미선·효순양 추모 집회'는 '반미'라는 민감한 뇌관을 내장했다. 그런데도 그것이 대중적으로 확산할 수 있었던 데는 촛불이란 매체의 영성적 고유성에 '여중생'이라는 희생된 존재의 특수성이 함께 작용했다.

2004년 봄을 달군 '노무현 탄핵 반대 집회'는 촛불이 한국 사회의 지배적 항의(의사 표출) 형식으로 정착했음을 보여준 사건이었다. 노무현이라는 '곧은 정치인'의 수난 서사가 촛불이라는 매개물을 만나 '강자의 횡포에 희생된 의인의 생환'을 기원하는 시민적 제의로 사건화했다.

2008년 여름 펼쳐진 미국산 쇠고기 수입 반대 집회는 건강·생명이라는 중산층의 안전 이슈가 보수 정권에 대한 정치적 불신과 결합해 폭발력을 키웠다. 여기에 정책 결정의 불투명성, 정권의 미숙한 위기 대처가 일을 꼬이게 했다. 외형상 승리로 마무리된 앞선 두 차례 촛불의 기억이 거리의 저항 주체에게 '전리품 없는 일상 복귀'를 주저하게 한 측면도 있다. 하지만 정권 출범 초기였고 선거라는 열정의 분출구가 부재했다는 점에서 대선과 총선을 앞둔 2002년, 2004년의 촛불과는 차이가 컸다. 반면 박근혜·최순실 국정 농단이 촉발한 2016년 촛불은 거리의 시민이 '탄핵'이라는 제도화된 해결책을 스스로 만들어 대치 정국을 마무리 지은 경우다.

폭력과 무질서에 대한 완강한 거리두기는 21세기 촛불에서 일관되게 나타나는 특징이다. 2002년 이후 거리의 경험을 통해 학습된 '전략적 평화주의'인데, 기저에 흐르는 건 섣부르고 부주의한 행동으로 촛불의 정당성에 흠집을 내려는 세력에 반격의 빌미를 제공해선 안 된다는 절박감이다. 이런 점에서 촛불 시위의 정확한 대척점에 존재하는 집합행동 유형은 '폭동'이다. 폭동은 사회운동에서도 가장 원초적 형태에 속한다. 빈곤이나 불평등, 차별 같은 구조적 요인이 작용하지만 발생이 우발적이고 폭행, 파괴, 방화 같은 폭력이 동반된다. 지도부가 없거나 역할이 미미할 뿐 아니라 목표에 대한 참여자의 공유도가 낮고 지속 기간이 짧다는 점에선 '봉기'나 '항쟁'과도 구분된다.

거리 경험에서 학습된 '전략적 평화주의'

흥미로운 건 한국의 집합행동에서 폭동이라 이를 만한 사례를 찾기 쉽지 않다는 점이다. 한국전쟁 이후로 한정하면 1971년 경기도 성남에서 일어난 광주대단지 사건과 1980년 강원도 태백에서 터진 사북사태 정도다. 도시 폭동이 주기적으로 발생하는 미국이나 유럽 국가들과 차이가 크다. 이 특이성을 누군가는 '문민 우위' 전통에서 비롯한 폭력에 대한 거부감, 국가의 강한 억압을 통해 내면화된 준법 강박 등의 요인으로 설명한다.

하지만 보수 집권기에 발생한 2008년, 2016년 촛불 모두 '청와대 진격'을 외치며 과격 행동을 주도한 소수의 '전투적 행동주의 그룹' 역시 존재했다는 사실을 간과해선 안 된다. 이들 역시 절박함의 강도에선 평화주의자들 못잖았다. 그 절박감의 배후에는 촛불에 위축된 구세력이 언제 다시 반격을 가해올지 모른다는 불안, 짧았던 열광의 순간 뒤엔 지루하고 건조한 일상의 시간이 기다린다는 초조함이 자리 잡았을 것이다.

돌이켜보면 촛불 집회로 상징되는 한국의 거리 정치는 5년 안팎 주기로 도래하는 집단 퍼포먼스에 가까웠다. 초기의 설렘과 열광 뒤에는 초조와 불안, 낙담과 환멸의 시간이 어김없이 꼬리를 물었다. 선거를 통한 정권 교체 가능성이 열려 있고, 보수-자유주의 정당 체제가 안정적으로 자리 잡은 '아시아 민주주의의 모범 국가'에서 의회의 대의 시스템을 우회하려는 거리의 촛불은 왜 주기적 출몰을 반복했을까.

유력한 설명을 최장집의 뒤를 잇는 정당정치론자 박상훈이 제공한다. 그의 설명에 따르면 1987년 민주화는 '미완의 민주화'였으며, 거리 정치는 불완전한 87년 민주주의 체제의 불가피한 산물이다. 그는 촛불의 주기적 명멸 원인을 "민주화가 사회운동에 의해 이뤄졌지만, 그 운동의 에너지가 1987년 '민주화 이후 체제'를 만드는 과정에서 소외되었다"는 데서 찾는다. 진보적 운동 세력이 배제된 보수 독점적 정당 체제가 고착되면서 의회와 사회적 요구 사이에 괴리가 생겼고, 체제가 흡수하지 못한 열정과 에너지가 정치적·도덕적 발화점을 만나면 어김없이 거리로 분출되어 나온다는 것이다.

어김없이 반복된 '열광과 환멸의 사이클'

촛불은 앞으로도 출몰을 반복할까. 촛불 집회가 정치적 항의의 지배적 형식으로 자리 잡았음을 고려하면, 그럴 가능성이 크다. 변수는 촛불의 명멸과 함께 반복되어 온 열광과 환멸의 사이클이다. 노무현의 정치적 부활을 가능하게 한 2004년 촛불은 2007년 이명박의 집권으로 이어졌고, 반이명박 전선을 성공적으로 복원시킨 2008년 촛불의 정치적 귀결은 2012년 박근혜의 대선 승리였다. 2016년 초겨울의 광장을 밝힌 촛불은 어떠했던가.

2016년 촛불이 남달랐던 건 사실이다. 촛불의 대리인을 자처하는 세력이 집권에 성공한 뒤 부패한 전임 정권의 실력자들이 차례로 심판대에 섰다. 촛불을 들었던 시민은 환호했다. 그러나 열광의 시간은 길지 않았다. 촛불이 추방하려던 반칙과 특권과 불평등의 변함없는 편재가 확인되기까지는 오랜 시간이 필요하지 않았기 때문이다. 2019년 조국 사태는 특권과 불평등에 대한 무감각이 '촛불 정권'을 표방한 세력 내부에도 만연해 있음을 드러냈다. 그 결과는 민주화 이후 처음 현직 대통령을 권좌에서 끌어내린 '반기득권 포퓰리스트 연합'(촛불 동맹)의 붕괴였다.

2002년 이후 반복된 열광과 환멸의 주기적 교대는 한국 민주화의 분석 틀로 사용되어 온 안토니오 그람시의 '수동 혁명' 개념을 다시 소환한다. 수동 혁명은 위기에 처한 지배 세력이 대중으로부터 통치에 대한 지지와 동의를 회복하기 위해 위로부터의 자기 혁신에 나서는 정치 기획이다. 수동 혁명의 시기는 지배 세력에는 체제의 점진적 수선기에 해당하지만, 진정한 변화를 열망해 온 이들에겐 좌절과 환멸의 시간이다. 용출하던 변화의 에너지가 체제가 감당할 만한 정치·경제적 한계선 안으로 흡수

되면서 흔들리던 지배 질서도 안정을 회복하기 때문이다.

이런 열광과 환멸의 이중주에 누구보다 민감하게 반응한 이는 시인 김수영이다. 자신을 그토록 흥분시킨 4·19가 이승만 하야 뒤 등장한 허정 과도 내각에 의해 '반쪽짜리 혁명'으로 추락하는 과정을 지켜보며 시인 김수영은 〈육법전서와 혁명〉을 썼다.

> 기성 육법전서를 기준으로 하고 / 혁명을 바라보는 자는 바보다 / 혁명이란 / 방법부터가 혁명적이어야 할 터인데 / 이게 도대체 무슨 개수작이냐

시민의 힘으로 부패하고 무능한 권력자를 큰 희생 없이 끌어내렸다는 점에서 2016년 촛불은 분명 성공한 정치 운동이다. 하지만 승리가 확인된 순간, 정국은 조기 대선 국면으로 급격히 전환되었고 사회 개혁의 열정과 에너지는 지배 질서의 재편으로 이어지지 못한 채 '누가 다음 대통령이 될 것인가'를 둘러싼 권력 게임의 장 안에서 빠르게 소진되었다.

결국 '촛불 확산 → 박근혜 탄핵 → 조기 대선'으로 이어진 2016년 촛불의 '1국면'과, 적폐 청산이란 이름으로 문재인 집권 2년 차까지 이어진 '2국면'은 5년 단임의 대통령중심제와 소선거구 단순다수대표제에 기반한 리버럴-보수 양당 체제에 어떤 균열도 내지 못한 채 2019년 조국 사태와 함께 종결되었다. 가장 성공적이었던 2016년의 촛불조차 제6공화국 헌정 체제에 미세한 수선만 가하는 또 한 번의 수동 혁명에 그치고 말았다. 그것은

1960년의 김수영이 그토록 우려했던 '육법전서 혁명'이었다.

"차라리 혁명이란 말을 걸어치워라"

윤석열의 대통령 당선과 함께 정치 지형이 '탄핵 이전'으로 회귀한 것은 육법전서 혁명을 넘어서지 못한 2016년 촛불의 예정된 결말이다. 하지만 육법전서 혁명이라는 바로 그 한계가 촛불의 재생을 이끄는 동력이 된다는 사실 역시 놓쳐선 안 된다. 억눌리고 배제된 열망을 담아낼 새로운 시스템이 마련되지 않는 한, 그 열망은 항상 기성 시스템의 틈새를 비집고 거리로 분출될 것이기 때문이다. 다시 밝혀질 미래의 촛불이 열광과 환멸이 교대하는 현대사의 카르마를 벗어날 수 있을지는 예단하기 어렵다. 지레 비관할 필요는 없으나 방식과 목표는 새로워야 한다. 육법전서 혁명의 오류를 반복하지 않는 길은 제6공화국 헌정 체제의 종식이다.

> 아아 새까맣게 손때 묻은 육법전서가 / 표준이 되는 한 / 나의 손등에 장을 지져라 / …… 차라리 / 혁명이란 말을 걸어치워라.

평범한 일상이 된 극단주의의 위험

신진욱

이세영의 질문 윤석열 정부의 여권 인사들은 이념 공세를 위해 "김일성주의자", "종북주사파", "총살감" 등 극단적 언사를 서슴지 않고 있고, 노동조합을 '이적 단체' 취급하며 노조 사무실을 압수수색하기까지 했다. 이런 극단주의의 특징은 무엇이며, 얼마나 위험한가?

박근혜 전 대통령 탄핵을 촉구하는 촛불 집회가 한창이던 2016년 겨울 이후 수년 동안 서울 광화문광장 일대에서는 '태극기 부대'라고 불리는 대규모 군중이 주말마다 집회했다. 모든 참가자의 손에, 옷에, 배낭에 태극기가 있었고 적잖은 사람이 군복이나 선글라스를 착용하고 있었다. 트럭의 대형 스피커에서는 군가와 찬송가, 노래 〈아름다운 강산〉이 귀를 찌르는 고음으로 흘러나왔다.

이런 집회에서는 '좌파', '종북', '빨갱이'를 '처단', '척결'하고 심지어 '총살', '교수형'에 처해야 한다는 섬뜩한 말이 포스터와 손팻말, 그리고 참여자들의 '자유 발언'에서 아무렇지도 않게 나온다. 더구나 우리는 인터넷 포털이나 언론 보도의 댓글, 온라인 커뮤니티에서 이처럼 특정 개인이나 집단을 증오하며 절멸시키고 싶어 하는 말과 주장을 빈번히 접한다.

'극우'는 이렇게 대한민국의 일상이 되어 있다. 이들은 그 행동의 극단성 때문에 이상하고 예외적인 사람처럼 보이지만 우익 집회 참여자의 연령, 학력, 직업, 소득 수준은 다양하다. 그런데 이들이 '종북좌파 척결', '자유 대한 수호', '동성애는 악마'를 외치거나, 그런 집회에 동참한다. 이처럼 평범한 시민들의 극단주의, 또는 극단주의 시민들의 편재성이 진정으로 무서운 것이다.

더구나 윤석열 정권이 들어서면서 극우의 정치 환경에 질적 변화가 생겼다. 정부·여당과 공공 기관의 대표자가 반대자를 '종북주사파', '김일성주의자', '총살감' 같은 이념적 낙인과 극단적 언어로 공격하는 행동을 공공연히 하는 가운데, 사회의 극우 세력은 사실상 정부의 공식적 인정하에 활개 칠 수 있게 되었다. 현 상황의 잠재적 위험을 엄중하게 봐야 한다.

점진적, 비가시적인 극우의 대중화

20세기 전반기의 파시즘이나 나치즘 세력은 근본적으로 민주주의와 다원주의를 부정하고 전복하려 했다. 1970~1980년대까지도 극우는 인종주의, 전체주의, 독재와 폭력을 대놓고 찬양했다. 하지만 21세기 극우는 민주주의, 선거, 다당제와 공존하며 애국과 자유, 복지국가를 표방한다. '극우', '과격 우파', '우익 포퓰리즘'의 경계선이 흐려지면서 이들의 대중성과 득표율도 높아진다.

이런 최근 변화에 따라 극우 세력, 담론, 이데올로기의 확산은 점진적, 장기적, 비가시적 특성을 갖게 되었다. 유럽의회 의장이었던 마르틴 슐츠Martin Schulz가 경고했듯이 지금 '극우'의 진정한 위험성은 우리 사회에서 '허용되지 않는 것'의 한계가 조금씩 허물어지고 '상상할 수 없던 것'이 점점 자연스럽게 받아들여지는 터부(금기)의 점진적 붕괴 과정에 있다. '반인륜적 일베'가 '보통 일베'(김학준)로 되는 것이다.

유럽과 미국에서는 2000년대 이후 보수 정당 내에 극우 성향이 확대되고 극우 정당들이 중심부로 진입하는 과정이 진행되었다. 그들은 자유와 민주주의, 복지국가와 법치를 존중하는 외양을 띤다. 그런 가운데 '흑인', '아시아인', '외국인', '난민', '동성애자', '이슬람' 등 특정 범주를 공공의 적으로 낙인찍고 대중적 불안과 증오를 자양분으로 조직을 확대하고 표를 얻는다.

오스트리아 자유당, 프랑스 국민전선, 벨기에의 플랑드르이익당, 네덜란드 자유당, 스웨덴 민주주의자, 독일 대안당과 '서양의 이슬람화를 반대하는 애국 유럽인' 등과 같이 2000년대 이후 성장한 극우 정당과 대중운동 단체들은 반인륜적 극단주의와 정상적인 의견 표명 사이의 모호한 회색 지대에서 움직이며 정치와 사회를 우경화했다.

주류 극우와
변방 극우의 밀월

극언과 폭력을 일삼는 행동주의자는 종종 사회 중심부 기득권 세력의 위선적 묵인, 암시적 지지, 또는 비밀스러운 교류에서 힘을 얻는다. 즉, 정치사회적 중심부와 주변부 극우는 연결되어 있다. 양쪽의 연결 형태는 다양하다. 중심부 극우가 주변부 극우를 지원하기도 하고, 주변부 극우가 중심부로 확대되기도 하며, 중심부부터 극우화되어 주변부를 활성화하기도 한다.

국가별로도 다양하다. 유럽에선 중심부 보수 정당들이 극우 세력과 거리를 둔 경우가 많기 때문에, 거기에 불만을 가진 유권자를 발판으로 신생 극우 정당들이 부상하곤 했다. 그와 달리 양당제 대통령제인 미국에선 도널드 트럼프라는 우익 포퓰리스트가 기존 정당정치의 제도적 규칙과 관행을 파괴하면서 사회 내 극우주의를 동원하고 증폭해 그 에너지를 자신에게 집중시켰다.

한국의 특징은 주류 보수 정당이 태생적으로 극우 성향을 내포했고 그 유산이 지속되어 왔다는 점이다. 개신교나 반공 단체를 기반으로 극우 정당이 종종 설립되었음에도 성공하지 못한 이유는, '보수'를 내건 거대 정당이 극우 성향 유권자의 욕구를 채워주기 때문이다. 이렇게 한국에선 '보수'와 '극우'의 경계가 모호한데, 그것은 '보수' 정권의 극우화 잠재성이 크다는 뜻이기도 하다.

분단 체제와
동북아 긴장의 위험성

극우주의의 힘은 국제 환경과 지정학적 긴장에 지대한 영향을 받는다. 20세기 전반기의 유럽에서 파시즘과 나치즘의 부상은 러시아혁명이 촉발한 공포를 빼놓고 설명할 수 없다. 오늘날에도 유럽·미국의 극우는 이민자나 난민 이슈를 증폭해 지지층을 확대하는데, 이 역시 '외부' 요소가 들어와서 '내부'를 위협한다는 프레임으로 불안과 분노를 동원하는 것이다. 일본 극우 조직인 '재특회'나 '일본회의'도 동북아 긴장 고조와 중국, 북한 안보 위협론을 중요한 배경으로 한다.

그런 관점에서 봤을 때 한국에서 극우 세력과 이데올로기의 지속적인 힘을 설명하는 결정적 요인은 냉전 체제의 유산, 분단 체제 지속, 동북아 질서 불안정성이다. 이 지역의 군사·외교적 긴장이 고조되어 국가 간 충돌이 개연성 있는 시나리오로 동원될 수 있다면 각국의 국내에서 다양성과 자유 대신 질서와 규율, 이념적 통일성을 강조하는 극우적 주장이 강화될 수 있다.

특히 한국은 분단 체제 구조에서 정부가 수립된 만큼 반북·반공 우익의 뿌리가 깊고 그 유산이 지금도 강하게 유지되고 있다. 김대중 정부의 대북 햇볕정책에 대한 보수의 비판에서도, 노무현 정부의 사립학교법 개정 시도에 대한 개신교 쪽 반발에도, 문재인 정부의 공공의대 설립 계획에 대한 의사 단체들의 파업 때도 '공산주의', '종북 좌파'라는 극단적인 이념 색채가 강렬히 분출되었다.

전통 극우에 뿌리 두고 소수자 혐오로 확장돼

극우의 의제와 이데올로기, 주체, 조직은 시대 환경의 변화에 대응하면서 역동적으로 변하기도 한다. 서구의 극우는 냉전 시기에 반공·반소反蘇·반좌파·반노조 투쟁을 핵심으로 했으나 1990년대부터는 이주자·난민·동성애·이슬람·다문화 등이 가장 점화성이 큰 이슈가 되었고, 이에 상응하는 이데올로기와 극우 정당들의 정치 전략이 발달했다.

한국에서도 2000년대 이후 이주 노동자, 동성애, 페미니스트 등에 대한 혐오 행동과 담론이 크게 퍼졌다. 새로운 극우주의는 전통적인 반북·반좌파·반노동 이데올로기를 대체하는 것이 아니라 거기에 접합되고 확장된다. 페미니스트와 계급론자의 '교차성의 정치'는 좀처럼 진전되지 않는 데 반해 우익은 올드라이트와 뉴라이트의 다양한 흐름은 긴밀히 연대해 왔다.

이러한 연대 네트워크와 프레임 접합에서 가장 중심적 역할을 하는 것이 개신교 우파다. 국내의 미국 선교사들과 미국 본토 우파 세력의 영향으로 한국 개신교는 원래 보수 성향이 강했지만, 특히 노무현 정부 시기에 극우 성향과 정치적 행동주의가 강해졌다. 개신교 우파는 조직, 재정, 신자, 자체 언론과 학교, 정치권과의 연계 등 여러 면에서 강력한 자원을 갖고 있다.

극단주의는 단순히 좌우 스펙트럼의 가장자리에 있는 비정상적 소수를 의미하지 않는다. 인권·자유·존엄·평등·평화 같은 현대의 근본 가치가 모든 인간에게 동등하게 보장되어야 한다는 보편주의를 수용하지 않는 모든 자가 극단주의자다. 그런 극단주의가 우리 사회에 퍼지지 않게 하기 위해 가장 중요한 것은, 그들에게 동의하지 않는 다수의 분명한 의지를 보여주는 일이다. 우리의 침묵과 방관이 폭력의 지배를 가능케 한다.

키워드 5　　포퓰리즘

키워드 6　　팬덤 정치

키워드 7　　촛불과 태극기

키워드 8　　미디어

인터넷은 '집단지성'인가, '혐오 확산지'인가

신진욱

이세영의 질문 인터넷과 스마트폰, 사회관계망서비스(SNS)가 대중화하면서 시민들의 정치 지식과 참여 기회가 많아졌지만, 가짜 뉴스나 증오 표현, 확증 편향 등 해악도 심해졌다. 정보 시대에 정치는 어떻게 달라졌는가? 그 장점을 살리고 위험을 줄일 대안은 무엇인가?

21세기는 디지털·인터넷 시대, 정보사회, 네트워크 사회 등의 단어로 묘사된다. 인터넷, 스마트폰, 유튜브, 카카오톡·텔레그램 같은 메신저 앱, 페이스북·트위터·인스타그램 등 사회관계망서비스(SNS)는 우리 삶의 일부가 되어 있다. 정보사회의 이런 변화는 우리 사회의 구조를, 사람들의 삶과 사회적 관계를, 정치의 문법과 환경을 어떻게 바꿔놓았을까?

사람들의 마음에 접속하는 '커뮤니케이션 권력'

인터넷·디지털·플랫폼 등 새로운 기술 조건의 이해에서 중요한 것은, 이들이 단지 기존 생활 방식과 사회구조 안에서 사용되는 도구만이 아니라는 점이다. 스페인의 사회학자 마누엘 카스텔스Manuel Castells는 인간과 인터넷의 관계가 텔레비전을 '보거나' 라디오를 '듣는' 것과 질적으로 다르다고 강조했다. 우리는 인터넷과 '함께 산다'. 그것은 일과 일상, 사회의 재조직과 긴밀히 연결되어 있다.

인류는 디지털·인터넷 기술에 기초해 작동하는 '네트워크 사회'라는 새로운 사회구조와 그에 상응하는 새로운 사회관계로 빠르게 진입했다. 19세기 후반 정립된 산업사회의 상징이 공장과 거대 조직이라면, 21세기 네트워크 사회는 수많은 개인이 다른 수많은 개인과 동시에 소통하는 관계망으로 구성된다. 카스텔스는 그런 우리 시대의 특성을 '인터넷 갤럭시'에 비유했다.

은하계는 멀리서 보면 제각각 빛을 발하는 수많은 별이 어우러져 아름다운 장관을 만들어 낸다. 개개의 노드node가 서로 넓고 유연하며 느슨하지만 자유롭게 연결된 네트워크다. 하지만 가까이서 보면 그중 많은 별은 생명 없는 불모지며, 지구라는 이름의 푸른 별도 민주주의와 자유만이 아니라 전쟁과 폭력, 빈곤의 고통이 가득한 곳이다.

한때 사람들은 21세기 정보 시대에 자유로운 개인의 세계가 도래할 거라고 낙관했다. 집단 지성의 합리성, 다중의 전복적 잠재성, 온라인 공론장의 자정 능력, 지도자 없는 사회운동, 점진적인 사회 진화에 대한 막연한 믿음이 만연했다. 그런 기대는 근거가 없지 않았고, 실제로 그 같은 새로운 긍정적 에너지가 오늘날 정보사회를 움직이는 하나의 큰 흐름을 이룬다.

하지만 새로운 정보 통신 기술이 보통 사람의 자율성을 높이고 사회 변화에 영향을 미칠 수 있는 가능성을 넓혀줬을 때, 문제는 그처럼 정보사회에서 신장된 능력을 갖게 된 사람이 누구냐는 것이다. 또한 네트워크 사회의 커뮤니케이션 권력을 장악해 사람들의 마음에 영향을 미칠 수 있는 기술을 누가 더 일찍, 더 많이, 더 적극적으로 터득하느냐가 관건이 된다.

좌파와 우파의 인터넷 활용은 다른 방식으로

1995년 최초로 인터넷이 대중에 보급되었을 때, 그것이 정치와 사회를 얼마나, 그리고 어떤 방향으로 변화시킬지에 관해 많은 논쟁이 시작되었다. 낙관론, 비관론, 냉소론 등 다양한 관점이 있었는데 2010년 '아랍의 봄', 2011년 스페인의 '분노한 자들의 운동', 같은 해 미국의 '월가 점령 운동' 등이 연이어 일어나면서 온라인 행동주의에 대한 진보적 낙관주의가 퍼졌다.

하지만 이후 지난 10여 년 동안 많은 나라에서 온라인상의 정치 양극화, 혐오와 극단주의, 가짜 뉴스 등의 문제가 급속히 악화했다. 실제 선거 정치에서도 미국에서 도널드 트럼프 대통령이 당선되고 유럽 각국에서 과격 우익 정당들이 내각에 참여하면서 정보사회의 정치적 함의에 대한 논의의 흐름이 바뀌었다. 정보사회의 긍정적 잠재성과 동전의 양면을 이루는 위험성에 주목하게 된 것이다.

국제반테러센터(ICCT)의 2019년 보고서는 '리더 없는 운동', '탈중심적 네트워크' 등 선구적 조직 형태와 활동 방식을 가장 먼저 개척한 것은 극우 운동이었다고 알려준다. 미국 노스캐롤라이나대학 딘 프릴론 교수 등이 2020년 《사이언스》에 게재한 논문에 따르면 좌파와 우파 운동 모두 온라인 행동주의를 발전시키지만, 좌파는 주로 해시태그 캠페인으로 의견을 알리는 데 비해 우파는 기존 매체를 왜곡하고, 그들만의 플랫폼을 구축하며, 극우 매체를 전략적으로 활용한다.

한국에서도 2008년 촛불 집회 이후 온라인 시민정치와 집단지성에 대한 찬미가 넘치던 때가 있었다. 수평적이고 개방적인 소통이 위계적이고 폐쇄적인 소통을 대신하고, 탈중심적이고 유연한 네트워크가 중앙집중적이고 관료적인 조직을, 개인의 자발성과 다양성의 중시가 과거 집단주의와 획일성을 대신하는 긍정적 사회 변화가 일어날 것으로 기대했다.

하지만 당시부터 이미 정보사회의 다른 모습이 보이기 시작했다. 나는 2013년에 다음 아고라와 300만 명의 회원을 가진 인터넷 카페에서 촛불 집회가 진행된 수개월 동안 게시된 시사 관련 모든 포스팅의 조회 수, 추천 수, 댓글 수와 상징 연결망을 분석한 몇 개의 연구를 수행했다. 그 결과 드러난 것은 수많은 사용자 중 극소수가 대부분의 주목과 반응을 독점했다는 사실이다. 소수가 생산하는 자극적 주장이 온라인 담론장을 지배할 수 있고, 소위 집단 지성을 맹신해선 안 된다는 것이다.

국가와 정치권력이 조직적으로 여론 왜곡

뿐만 아니라 2010년대에 정치권력의 도구가 된 국가기구는 인터넷 공간에 깊고 포괄적으로 개입해 들어왔다. 2022년 12월 13일 대법원은 배득식 전 국군기무사령부 사령관에 대해 징역 3년 판결을 확정했다. 그 이유는 배 전 사령관이 이명박 정부 때인 2011년부터 2013년까지 기무사 공작 조직에 지시해 인터넷에 정치 관련 댓글 2만여 건을 게시하도록 했고, 정부 정책을 비판하는 '극렬 아이디'를 수백 개 지정해 가입 정보를 불법적으로 조회하도록 했기 때문이다.

군뿐만 아니라 정보기관도 인터넷 공작으로 여론을 조작하고 증오 담론을 대량 유포했다. 원세훈 전 국가정보원장은 역시 이명박 정부 때 국정원 심리전단에 인터넷 게시글 찬성·반대 클릭, 다음 포털 아고라와 비판적 인터넷 카페들에 게시글 작성을 지시하고, '민간인 댓글 부대' 지원에 수십억 원의 국고를 사용한 점 등에 대해 2021년 11월 징역 9년 형이 확정되었다. 이렇게 국가와 정치권력은 온라인상에서 사람들의 생각과 감정을 움직이기 위해 조직적으로 활동해 왔다.

바로 이 시기부터 '일베' 같은 극우 인터넷 커뮤니티가 번창하고 증오 담론이 확산한 것은 흥미로운 사실이다. 그러한 담론과 활동을 허용하거나 지원하는 정치 환경 아래 한국의 온라인 공간이 중대한 성격 변화를 겪었다.

하지만 이후 온라인상의 폭력성과 적대성은 독자적인 생태계와 담론의 질서, 역동성을 형성했다. 한편으로 종북, 공산주의자, 페미니스트, 장애인, 이주자, 난민, 빈민, 그리고 사회적 재난의 희생자들에 대한 혐오 담론이 퍼지고 그것이 집합 정체성으로 구성되었다. 그와 더불어 이들과 대립하는 집단과의 적대적 상호작용이 가열되는 과정이 진행되었다.

이처럼 21세기 정보사회의 새로운 사회적 공간의 지형도가 특정한 방향으로 변화하는 것은 우연도 필연도 아니다. 그것은 구체적인 인간 행위와 정치의 결과다. 바로 이 사실에 우리의 자유와 책임이 동시에 있다. 우리는 온라인 정치의 현실을 바꿀 수 있지만 변화의 방향은 정해져 있지 않다. 올바른 방향의 변화를 위해 무엇이 중요할까.

가치와 해석 둘러싼 가상공간의 문화 투쟁

개인이 지구적 범위에서 연결된 이 새로운 시대를 '행성 사회' 또는 '복합사회'라고 명명한 이탈리아 사회학자 알베르토 멜루치Alberto Melucci는, 오늘날 사람들의 정체성 형성과 사회 갈등의 양상이 근본적으로 달라졌음을 관찰했다. 그 변화의 핵심은, 상이한 시간과 장소에 닻을 내린 사람들이 이제 정보 통신 기술로 연결된 사회적 공간에서 상호작용하며 연대하고 적대한다는 데 있다.

각기 다른 시대 환경에 태어나 살아온 사람들, 다른 계급 계층에 속하는 사람들, 다른 물리적 장소에서 일하고 거주하는 사람들이 지금 온라인 공간과 미디어에서 서로 노출되고, 접촉하고, 같은 영상물과 텍스트를 본다. 그런 가운데 이들의 경험, 의식, 언어가 섞이고 조합되며 유동한다. 포스트모더니즘이 주목한 '조각 깁기 정체성'의 배경에는 이런 역사적 구조가 있다.

이런 시대에는 계급, 민족, 종교, 성별, 인종, 세대 등 그 어떠한 주어진 사회경제적·인구학적 속성도 개인의 의식과 정체성을 결정하지 못한다. 모든 것은 개방된 커뮤니케이션 장에서 하나의 상징·메시지·코드가 된다. 그 모든 것의 '의미'를 구성하기 위한 치열한 행동과 투쟁이 정보사회의 동시대적 공간 안에서 매 순간 벌어지는 것이다. 그 공간에서 다수의 마음을 연결하는 데 성공하는 집단이 커뮤니케이션 권력을 얻게 될 것이다.

정치의 미학화, 미학의 정치화

이세영

신진욱의 질문 2022년 윤석열 대통령의 국정 지지율이 취임 첫해 지지율로는 이례적으로 낮은 30%대에 머물면서 대통령 개인의 이미지 마케팅에 심각한 문제가 있다는 지적이 여권 안팎에서 나왔다. 대통령 주변에선 문재인 전 대통령의 이미지 연출을 총괄했던 탁현민 전 의전비서관의 역할을 할 사람이 없다는 아쉬움을 토로하기도 했다. 현대 정치에서 지도자의 이미지 연출은 통치를 위해 불가피한 일인가?

> 파시즘은 대중으로 하여금 그들의 권리를 찾게 함으로써가 아니라 그들의 의사를 표시하게 함으로써 구원책을 찾고자 한다.*

정치의 본령은 현실의 문제를 해결하는 것이다. 반면에 미학(예술)은 현실 세계를 재현(표현)하는 데 주력한다. 정치로 문제를 해결하지 못할 때, 통치자는 정치를 미학으로 대체하려는 욕망에 사로잡히기 쉽다. 인민의 압도적 지지 위에 탄생한 정권이라

× 발터 베냐민 지음, 반성완 옮김, 〈기술복제시대의 예술작품〉, 《발터 벤야민의 문예이론》, 민음사, 1992.

도 일정 기간 안에 신뢰할 만한 문제 해결 능력을 보여주지 못하면 쥐었던 권력도 내놓아야 하기 때문이다.

건조한 통치술을 넘어 미학화하는 정치

정당이나 후보자가 경쟁적 선거에서 승리하는 비결은 단순하다. 경쟁 집단의 무능을 공격하면서 공동체의 당면 과제를 해결할 적임자가 자신임을 구성원에게 각인시키는 것이다. 그러나 집권 뒤 맞닥뜨릴 현실은 다루기가 만만찮다. 정치가 감당해야 할 영역이 넓고 복잡해진 탓에 국가권력의 제한된 통치 수단으로 해결 못 할 난제가 여기저기 생겨난다. 모든 것의 해결을 공언했으나 아무것도 해결되지 않는 상황. 인민이 견뎌야 할 불만의 시간이 한계치에 이르면 통치의 정당성은 심각한 위기를 맞게 된다.

위기를 회피하려는 통치자가 취할 선택지는 많지 않다. 그중 하나가 30~40%의 지지층이라도 확실히 붙들고 가는 것인데 여기엔 농도 짙은 감동, 뭉클한 공감, 지도자와의 순연한 일체감이 빈번하게 요구된다. 메시지와 의전, 퍼포먼스의 비중이 커지고 정치는 건조한 통치술을 넘어 미학화한다. 정치가 자신의 결점과 공백을 '감각적 대체물'로 메우려 시도하게 되는 것이다.

'정치의 미학화'는 독일 문예비평가 발터 베냐민Walter Benjamin이 히틀러 시대의 파시스트 정치 미학을 분석하며 개념화한 테제다. 베냐민에게 그것은 자본주의국가의 일반적 경향이자, 진정한 변화를 가로막는 '기만적 통치술'에 가깝다. 대중의 불만을 일으키는 사회의 근본 모순을 건드리지 않고, 최신의 기술적 표현 수단을 활용해 대중의 억눌린 욕구를 엉뚱한 방향으로 표출되게 만들기 때문이다. 베냐민은 말한다.

> 파시즘은 새로이 생겨난 프롤레타리아화한 대중을 조직하려 하고 있다. 그러면서도 대중이 폐지하고자 하는 소유관계는 조금도 건드리지 않고 있다."×

이렇듯 '정치의 미학화(예술화)'는 '정치의 사법화'만큼이나 문제적이다. 정치와 정책을 통한 문제의 '실제적 해결' 대신 이미지와 스펙터클을 동원한 '상징적 해소'에 집중하기 때문이다. 물론 특정한 목적을 위해 정치가 미학과 융합하는 사례는 20세기 파시즘에서만 찾아볼 수 있는 게 아니다. 오늘날 그것의 가장 극단적 사례는 북한이다. 그들의 통치 메커니즘은 문화인류학자 클리퍼드 기어츠Clifford Geertz가 정식화한 '극장 국가' 개념을 통해 적절하게 설명된다.

극장 국가는 물리적 강제력보다 화려하고 의례화된 공연을 주기적으로 연출해 권력의 권위와 절대성을 과시하는 정치체제를 가리킨다. 이 체제에선 수천에서 수만의 군중이 동원되는 대규모 스펙터클이 단순한 정치적 선전 수단을 넘어, 목적 그 자

× 앞의 글.

체이자 국가의 존재 이유가 된다. 북한이 주기적으로 펼치는 대규모 열병식과 아리랑 집체 공연, 세계의 이목을 집중시키는 전략무기 발사 실험 역시 극장 국가 북한을 지탱하는 핵심 요소다. 이런 극장 국가적 속성은 좌우익 전체주의국가에서만 나타나지 않는다. 현대의 정상 국가에서도 극장 국가는 순화된 형태로나마 출몰을 반복한다.

한국이라고 다를 것은 없다. 권위주의 정권 시절, 예술가들은 국가권력의 적극적인 포섭과 동원의 대상이었다. 이런 상황은 민주화 이후에도 달라지지 않았는데, '동의에 기반한 통치'라는 민주정치의 조건을 충족하려면 '감각적인 것'의 활용을 통한 지지층의 자발적 동원과 결집이 불가피했기 때문이다. 이런 관점에서 볼 때 문재인 정부는 정치에 예술적 장치를 가장 적극적이고 세련된 형태로 도입했고, 이를 통해 통치 위기를 큰 흔들림 없이 넘어설 수 있었다. 문재인 정부의 '미학화된 정치'에는 반독재 민주화 투쟁기부터 다져진 민중 문화 예술운동의 정치 감성('진정성의 미학')과 주류 대중문화의 첨단 테크놀로지가 함께 활용되었다. 그 정점에 존재했던 인물이 전 청와대 의전비서관 탁현민이다.

문재인 정권의 위기관리 정치

참여연대 문화사업국 간사와 《오마이뉴스》 문화사업팀장 등을 지내며 사회운동판의 행사 연출 경험을 쌓아가던 탁현민은, 팟캐스트 〈나는 꼼수다〉 전국 순회 콘서트와 윤도현밴드·자우림 등 인디신 가수들의 콘서트를 기획·연출하며 재능과 역량을 인정받았다. 2012년 대선 때 문재인 캠프에서 활동하며 친민주당 진영의 대표적인 이벤트 기획·연출자로 자리 잡았고, 2017년 문재인의 대선 승리 뒤엔 청와대 선임행정관으로 발탁되어 대통령이 참석하는 각종 행사와 의전의 기획·연출을 총괄했다.

탁현민이 주도한 '정치의 미학화'의 대표적 사례는 2021년 2월 문재인 대통령이 참석한 코로나19 백신 수송·보관 훈련 참관 행사다. 코로나19 2차 대유행이 본격화하는데 백신 도입이 지체되어 대중의 불안과 불만이 확산하자, 청와대는 대통령을 인천공항 화물터미널에 보내 백신 도입 상황을 가정한 모의 훈련을 지켜보게 하고 그 화면을 전국에 송출했다. 유관 기관이 미리 정한 일정과 매뉴얼에 따라 시행하는 훈련을, 경호와 의전에 따른 현장의 부하를 감수하면서까지 대통령이 주인공인 스펙터클을 연출한 것이다. 백신 확보가 부진한 상황에 대한 비판을 어떻게든 무마해 보려는 속내가 다분했다. 문제를 해결하는 게 아니라, 문제 해결이 안 되는 상황을 '견디게' 하는 미학화된 정치의 전형이었다.

탁현민이 얼마나 미학화된 정치에 특화된 인물인지는 지난 대선 기간 윤석열 국민의힘 후보가 문재인 정부의 '연출 정치'를 비판하며 "나는 쇼를 안 하겠다"고 했을 때 그가 보인 반응에서 드러난다. "그런 것들을 하지 않고 어떤 방법들이 있는지. 만약 대통령이 되시면 눈여겨보면 될 일이다."[×] 흥미로운 건 문재인 집권 기간에 '탁현민식 이벤트'를 집요하게 공격하던 국민의힘과 보수 언론이 윤석열 정권이 들어선 뒤 공공연히 '보수판 탁현민'의 필요성을 입에 올린다는 사실이다.

윤 대통령 혼자 연출·각본·배우 좌충우돌

《동아일보》 부국장 이승헌이 쓴 칼럼은 이들이 당면한 딜레마를 솔직하게 보여준다. "대통령의 도어스테핑(약식 문답)이 우려의 대상으로 전락한 이유 중 하나도 대통령 메시지와 전체적인 브랜드를 관리하고 조율하지 못했기 때문일 것이다. 그래서인지 윤 대통령을 지지한다는 사람들을 만나면 '문재인 정권의 탁현민 같은 이벤트 전문가가 필요한 것 아니냐'는 말을 한다. 오죽하면 이런 말이 나오겠냐마는, 그만큼 윤 대통령이 혼자 연출 각본에 주연배우까지 하며 언제까지 좌충우돌할 수는 없다."[××]

보수 진영의 이런 표변 뒤엔 좀처럼 반등 기미가 보이지 않는 대통령 국정 지지도에 대한 위기감이 자리 잡고 있다. 물가 상승에 코로나19 재유행, 뚜렷하게 개선 조짐이 보이지 않는 각종

× KBS 〈주진우의 라이브〉 탁현민 인터뷰, 2022년 1월 27일.

×× 이승헌, 〈윤尹 옆에 탁현민이라도 있어야 하나〉, 《동아일보》, 2022년 7월 13일.

경제지표 앞에서 그들이 하는 일이란 기껏 문재인 정부를 '신적폐'로 규정하고 사법적 단죄를 도모함으로써 극단적 지지층에 정치적 카타르시스를 제공하는 것이다.

하지만 그 결과는 전임 정권의 무능과 위선에 실망해 정권 교체에 힘을 실었던 중도·관망층의 상당수가 정권 지지를 철회하는 것으로 나타났다. 2022년 7월 초 성 상납 증거인멸 의혹으로 국민의힘 당대표직 퇴출 위기에 직면한 이준석이 "제가 역할을 맡으면 (윤 대통령 지지율 하락 문제를) 20일이면 해결할 자신이 있다"고 공언한 것도 보수의 이런 위기감을 누구보다 잘 아는 그이기에 가능했다. "윤석열에게도 탁현민이 있어야 한다"는 의견이 집권 세력 내부에서 흘러나오기 시작한 건 당연한 귀결이다.

하지만 정치의 미학화는 당장의 궁지를 벗어나게 해주는 비상 사다리는 될지언정 권력이 직면한 정당성 위기의 궁극적 해결책이 될 수 없다. 퇴임 직전까지 줄곧 40% 안팎의 지지도를 유지했으면서도 정작 중요한 정권 재창출에는 실패했던 문재인 대통령의 사례가 이를 말해준다. 정당성 위기의 원인(무능)에 대한 근원적 처방과 독단적 통치 스타일의 혁신 없이는 윤석열에게 탁현민의 할아버지가 붙어도 상황은 달라지지 않는다는 얘기다.

정치의 미학화와 대척하는 지점에 '미학의 정치화'(예술의 정치화)가 있다. 정치의 미학화가 문제 해결이 안 되는 현실을 '견디게' 한다면, 미학의 정치화는 무언가를 드러내고 표현함으로써 현실을 '극복하게' 한다. 발터 베냐민은 이런 '정치화된 미학'

의 사례로 1·2차 세계대전 사이 새로운 예술로 삶의 내용과 형식을 바꾸려 했던 유럽의 전위 예술운동과 소비에트 혁명예술을 들었다.

하청 노동자들이 구현한 미학의 정치화

미학의 정치화(정치화된 미학)의 핵심은 대중의 익숙한 감성 구조에 균열을 냄으로써 보이지 않던 존재를 보이게 하고, 들리지 않던 목소리를 들리게 하는 것이다. 당연히 그것은 기존 권력관계의 지속이 아닌 변화를 추구하는 세력에 친화적이다. 모든 권력관계는 보이는 것과 보이지 않는 것, 들리는 것과 들리지 않는 것 사이에 경계를 긋는 '감각적인 것의 분할' 위에서 작동하기 때문이다. 권력은 자신이 해결할 수 없는 문제나 자신에게 위협이 되는 존재를 대중이 인지할 수 있는 영역 밖으로 밀어내려는 시도를 멈추지 않는다.

이런 점에서 우리 시대의 가장 의미 있는 정치 행위는 결국 통치와 대의정치의 영역이 아닌, 인민의 절박한 삶의 현장에서 벌어진다고 보는 게 타당할지도 모른다. 2022년 6월 초부터 7월 22일까지, 51일에 걸친 조선업 하청 노동자들의 점거 농성이 벌어진 경남 거제 대우조선해양 옥포조선소가 그런 곳이었다. 삭감된 임금과 차별적 처우를 묵묵히 감내할 때 누구에게도 보이지 않았던 하청노동자들의 존재는 그들이 독dock(배를 만드는 작업장—편집자 주)을 점거하고 1m³ 철창 안에 스스로를 유폐하는 순간 극적으로 가시화되었고, 그 드러냄은 시민 다수의 공감과 집합행동, 나아가 정치적 공론화로 이어졌다. 따라서 그들의 '독난입'은 사회적 약자의 생존 투쟁을 넘어 대단히 중요한 정치적 사건이다.

정치 영역에 속하지 않는다고 여겨져 온 문제를 정치가 다뤄야 할 시급한 현안으로 모두의 눈앞에 드러냈기 때문이다. 이 점에선 이동권 보장을 촉구하며 지하철 선로를 점거한 장애인들, 청소 노동자 파업에 연대하는 학생들의 움직임도 다르지 않다. 모두가 '보이지 않던 것'을 가시화하고, '들리지 않던 목소리'를 들리게 하는 고도의 정치 행위인 것이다. 정치를 미학화하는 기성 권력의 전략에 맞서는 힘은 미학의 정치화에서 나온다.

포퓰리즘

미디어

촛불과 태극기

민주주의와 자유

팬덤 정치

지역주의와 계급 균열

3부 이념과 정당

이것은 독재가 아니다!
민주주의의 은밀한 부식

신진욱

이세영의 질문 한국이 독재는 아니지만 그렇다고 민주주의라고 부를 수 있을지 모르겠다. 선거는 꼬박꼬박 치러지고, 국민의 손으로 대표자를 뽑고 있다. 하지만 정권의 권력 남용과 비민주성 논란은 끊이지 않는다. 지금 우리에게는 어떤 민주주의 개념이 필요한가?

한국 민주주의의 건강 상태에 관한 논란은 오래되었다. 1987년 민주화 이후 30여 년 동안 끊이지 않았다 해도 과언이 아니다. 보스 정치, 보수 양당 체제, 독재 유산, 노동 없는 민주주의 등 다양한 각도의 비판들이 항상 있었다. 그런데 최근 한국 민주주의에 뭔가 새로운 종류의 문제 상황이 더해지고 있다. 즉 민주주의 정치에 내재한 어떤 위험에 의해서 민주적 가치와 제도가 은밀히 부식되어 가는 문제 말이다.

이명박·박근혜 정부 시기에 '댓글 부대'를 통한 여론 조작, 국가정보원의 대선 개입, '최순실'이 상징하는 비선 실세 정치, 정부가 개입한 노조 파괴 공작 등 제반 문제가 순식간에 깊어졌다. 그 시대는 결국 국민적 촛불 항쟁과 대통령 탄핵으로 막을 내렸지만, 이후 정치 상황은 긍정적 방향으로만 전개되지 않았다. 문재인 정부 시기에 한국 민주주의에 대한 국제적 평가는 상승했지만, 국내 정치에서는 민주적 합의 기반이 넓어지긴커녕 정치적 대립과 증오가 제도 정치 영역을 넘어 평범한 국민에게까지 확대되었다.

정권 교체 이후 한국 민주주의는 또다시 '탄핵 이전'의 상태로 회귀하고 있다. 대통령 권력 집중의 극단화, 검찰 세력의 국가기관 장악, 사정 기관의 권력 남용, 극우 세력의 고위 공직 진출 등과 같은 중대한 민주주의의 퇴보가 광속으로 진행되고 있다. 하지만 윤석열 대통령은 엄연히 민주적으로 선출되었고, 이 나라에선 다당제와 정치적 비판의 자유가 허용되고 있다. 정치권력과 그 협력자들은 최소한의 기준을 들고나와 "이것은 독재가 아니다!"를 외치고, 그 사이에 이 나라 민주주의의 생명력은 은밀히 스러진다.

'직선제' 민주주의의 한계

대한민국은 산업화에 이어 민주화도 성공적으로 달성한 나라라는 공식적 서사를 우리는 오래전부터 들었다. 하지만 민주주의는 그렇게 한번 달성하면 완성되는 것이 아니다. 돌아보면 민주화 이후에도 민주주의는 언제나 한국 사회의 뜨거운 쟁점이었고 사람들의 열정과 분노에 불을 붙이는 단어였다. 촛불을 든 사람이든, 태극기를 든 사람이든, 수많은 시민이 저마다의 정치적 이상을 갖고 '민주주의를 구하기' 위해 분연히 일어나 싸우는 정치적 민족이 바로 대한민국이다.

하지만 민주주의가 무엇인지는 더욱 혼란스러워지고 있다. 대한민국은 민주주의 체제인데, 이 나라의 정치를 민주주의라고 부를 수 없는 이유는 점점 많아지는 것 같다. 정치 양극화 속에서 사람들은 저마다 민주주의의 이름으로 상대를 공격하는데, 이쪽의 민주주의와 저쪽의 민주주의가 다르다. 대체 민주주의가 뭔가. 한국의 민주주의는 위기인가 아닌가. 우리에겐 지금 어떤 민주주의가 부족한가.

1987년 민주화 이후 한국 민주주의를 강력하게 규정해 온 정신은 6·10민주항쟁의 모토인 '직선제'에 압축되어 있었다. 국민이 대표자를 뽑는다는 이 이념의 가장 기초적인 형태는 선거 민주주의 또는 경쟁 민주주의다. 조지프 슘페터Joseph Schumpeter는 《자본주의, 사회주의, 민주주의》에서 정당들이 유권자의 표를 얻으려 경쟁하고 선거로 승부를 보는 것이 민주주의의 정수라고 했다. 세계 많은 나라가 1970~1980년대 '민주화의 제3물결'로 이룬 것이 그런 의미의 선거 민주주의였다.

하지만 선거와 경쟁, 다수결 원리는 민주주의의 전부가 아니다. 민주주의 이념을 구현하려면 정기적인 공정 선거로 충분하지 않다. 선거와 선거 사이 일상적 정치과정에서 시민의 자유와 참여가 전제되어야 하기 때문이다. 그런 취지에서 미국의 정치 이론가 로버트 달Robert Dahl은 《민주주의》에서 표현·결사의 자유와 비판적 정보가 보장되고, 정부가 다양한 시민의 목소리를 차별 없이 고려할 때만 민주주의라 할 수 있다고 했다.

나아가 민주주의와 헌법주의 원리가 균형을 이뤄야 한다. 민주적으로 선출된 권력이 민주적 가치에 동의하지 않을 수 있고, 다수의 의지가 소수자에게 폭력이 될 수 있다. 다수결 선거 민주주의의 거친 힘을 견제할 또 다른 힘이 필요하다. 그와 동시에 사법기구와 같은 비선출 국가권력을 견제할 의회 권력이 중요하다. 민주주의 없는 헌법주의는 권위주의적 법치에 이르고, 헌법주의 없는 민주주의는 다수의 전제주의가 된다.

부정선거가 아니라 '선거 만능'

그렇다면 오늘날 세계와 한국의 정치 현실에서는 어떤 의미의 민주주의가 확대되었고, 어떤 민주주의가 위험에 처했는가. 20세기 초부터 현재까지 장기 추이를 보면 선거 민주주의는 세계적으로 확대되었다. 스위스 정치학자인 한스페터 크리지Hanspeter Kriesi에 따르면, 세계 인구 중 선거 민주주의 체제에 사는 인구 비율은 1944년 16%에 불과했지만 1960년 45%에 이르렀고, 이후 하락했다가 1980년대부터 다시 증가해 2010년대에는 60%를 넘었다.

21세기 들어서는 민주주의가 후퇴하고 있다는 우려가 여러 학자와 기관에 의해 제기되기도 했다. 국제 인권 단체 프리덤하우스 자료에 따르면 2000년대 중반 이후 '자유로운' 나라가 감소하는 추세가 나타난다. 하지만 이 같은 '노골적 독재'의 증가 추이만 바라보면 더 만연한 문제를 놓칠 수 있다. 한국에서 《어떻게 민주주의는 무너지는가》로 잘 알려진 하버드대 스티븐 레비츠키Steven Levitsky 교수에 따르면, 1990년대에 선거 민주주의 체제였는데 2010년대에 비민주 체제가 된 나라는 타이, 베네수엘라 등 7개국에 불과했다. 특히 최근 민주주의가 악화한 나라들은 예전에도 가까스로 최악의 평가를 모면한 곳이다.

말하자면 지금 부각되는 민주주의 문제에서 주목할 부분은 군사 쿠데타 같은 전통적 독재 형태의 부활이나 부정선거, 야당 탄압처럼 눈에 띄는 민주주의 부정이 아니다. 최근 경향의 특징은 선거 경쟁이라는 형식을 없애지 않으면서, 아니 오히려 그것을 활용해 민주주의의 더 깊은 부분을 약화하는 것이다. 민주주의의 붕괴나 위기가 아니라, 은밀하고도 점진적인 부식과 약화가 진행된다는 것이다. 폴란드·헝가리·그리스·브라질 등 많은 나라의 최근 정치 상황이 그러하다.

이처럼 민주주의와 권위주의 특성이 공존하는 체제를 혼합 체제, 혼종 체제, 회색 지대 체제 등 다양한 용어로 부르는데, 그 스펙트럼이 '결함 있는 민주주의'부터 '사실상의 독재'까지 아주 넓다. 지배 기술도 다양해서, 선거의 승자가 그 정당성을 내세워 의회와 법원을 길들이거나, 사정 기관을 동원해 비판적 언론과 시민을 법의 이름으로 겁박하거나, 피플 파워를 주장하며 대의 기구를 무력화하거나, 이주자·성소수자·복지 수혜자 등 사회적 약자에 대한 증오를 증폭해 지지층을 얻는 등의 다양한 전략이 개발되었다.

민주주의 외부의 적과 내부의 적

최근 변화에서 가장 충격적인 사례는 미국이다. 도널드 트럼프 전 대통령 때의 미국은 '선진적' 민주주의 사회도 심각한 민주주의 후퇴가 가능함을 보여줬다. 미국 같은 사례에서 민주주의를 약화하는 힘은 과거에 독재를 겪은 나라들과 성격이 다르다. 비민주적인 역사의 유산이 문제가 아니라, 민주주의 정치의 중심에 있는 어떤 파괴적 에너지가 민주주의 자신을 공격하는 힘으로 되돌아온다.

예를 들어 민주주의 사회에서 이견과 갈등은 자연스럽지만 상호 적대가 극단화되면 공동의 민주적 규범 자체가 흔들린다. 반反엘리트주의는 민주적 문화의 일부지만 그것이 반反대의제 태도와 결합한 포퓰리즘은 민주주의의 적이 된다. '정치 팬덤'은 시민의 자발적 참여의 확대를 뜻하기도 하지만 때론 정책 정당과 절차를 흔들 수도 있다. 사회에 소수자 혐오가 만연하다면 민주적인 다수결로 구조적 폭력을 행사할 수 있다.

한국의 경우 '권위주의로의 회귀'라는 문제와 '민주주의의 내재적 위험'이라는 문제가 공존하고 있다. 국제적으로 권위 있는 민주주의 평가로 인정받는 프리덤하우스, 스웨덴 예테보리 대학교의 '민주주의 다양성' 조사, 《이코노미스트》의 경제 분석 기관 '이코노미스트 인텔리전스 유닛'(EIU) 조사 등은 한국 민주주의의 추이를 대체로 비슷하게 평가했다. 노태우·김영삼 정부 시기까지 매우 낮은 수준에 있다가 김대중·노무현 정부 때 상승했지만, 이명박·박근혜 정부 때 '부분적으로 자유'롭거나 '결함 있는 민주주의'로 강등되었다.

이명박·박근혜 정부 때의 정치적 퇴행은 특별한 의미가 있다. 왜냐하면 노태우·김영삼 정부 때와 달리, 이 시기의 민주주의 퇴행은 김대중·노무현 정부 시기에 여러 한계에도 불구하고 일정하게 성취된 민주주의 발전이 순식간에 무력화될 수 있다는 교훈을 줬기 때문이다. 국가정보원이 선거에 개입한 점, 군·경찰 등 국가 요원들이 정권의 댓글 부대로 동원되어 조직적으로 여론을 왜곡한 점, 정권과 법원 지도부가 거래한 점, 공적 직위가 없는 사인이 국정에 관여한 점 등은 민주주의의 핵심 기둥들을 위협하는 수준이었다.

이런 퇴보가 2016~2017년의 거대한 시민 항쟁에 의해 저지되었다는 것은, 서강대 김윤철 교수의 묘사처럼 일종의 '마지노선 민주주의'의 저지선이 존재한다는 것을 말해준다. 이후 한국 민주주의에 대한 국제적 평가는 문재인 정부 때 상당히 회복되었다. 하지만 그사이에 한국에서는 새로운 문제가 심화되었다. 이코노미스트 인텔리전스 유닛의 '민주주의 지수 2022'에서 한국은 24위로 평가받아 그 전해보다 8계단이나 하락했는데, 여기서 한국의 점수를 크게 떨어뜨린 지표는 '선거'나 '국민 자유' 같은 기본적 제도 영역이 아니라 '정치 문화'의 문제였다. 만연한 정치 혐오, 극단적 대결 정치, 공직자에 대한 신뢰 상실 등이 한국 민주주의의 가장 큰 위험으로 지적되었다.

민주주의에 내재한 '자기파괴적 힘'

최근 전면화된 문제들이지만 여기엔 깊은 역사적 뿌리가 있다. 다원주의와 헌법주의의 구현이라는 관점에서 봤을 때, 한국에서 민주화 이후 모든 시기에 지속되었고 어떤 면에서 더욱 악화된 민주주의의 결손이 있다. 한국 민주주의의 가장 오래된 문제는 권력분립 결여, 다시 말해 선출된 권력의 남용이다. 거대 정당들은 선거에서 이기면 '국민이 선택한 승자가 하고 싶은 대로 하는 게 민주주의'라는 식의 위험한 인식을 드러냈다.

한편 지난 몇 년 사이에 부쩍 심해진 극단주의, 정치 대립, 혐오 정치 등의 현상은 새로운 형태의 민주주의 부식이 확대되고 있음을 뜻한다. 이들은 단순히 '아직 민주화가 덜 되었다'는 차원의 현상이 아니라, 민주주의 정치에 내재한 대중적 에너지가 민주주의 규범과 가치를 무너뜨리는 자기 파괴적 힘으로 변신하는 예들이다. 그것은 역설적이게도 점점 더 많은 사람이 자기 방식대로 정치에 영향을 미치기 위해 행동할 수 있게 된 '민주화'의 결과이기도 하다.

그러므로 이제 우리는 단순히 독재라고 비난하고, 민주주의 만세를 외치거나, '더 많은 민주주의'를 호소하는 것만으로 민주주의 문제를 개선할 수 없다. 우리는 민주주의를 성찰해야 하고, 민주주의를 더 깊이 이해해야 하고, 그래서 '어떤 민주주의'를 만들 것인지 말할 수 있어야 한다.

보수의 전유물이 된 '자유'

이세영

신진욱의 질문 윤석열 대통령 취임사의 키워드는 '자유'였다. 진보의 가치였던 '자유'가 보수의 전유물이 되어버린, 이 한국적 상황을 어떻게 타개해야 할까?

나의 학습 노트 위에 / 나의 책상과 나무 위에 / 모래 위에 눈 위에 / 나는 너의 이름을 쓴다 // 내가 읽은 모든 책장 위에 / 모든 백지 위에 / 돌과 피와 종이와 재 위에 / 나는 너의 이름을 쓴다 // 황금빛 조상 위에 / 병사들의 총칼 위에 / 제왕들의 왕관 위에[×]

물과 공기처럼, 인간의 존엄한 삶을 위해 어디든 항상 존재해야 하는 것. 그것의 이름은 자유다. 폴 엘뤼아르Paul Éluard의 시 〈자유〉는 원래 '단 하나의 생각'이란 제목의 연시戀詩였으나, 얼마 안 가 제목을 '자유'로 바꿨고, 점령군과 싸우는 레지스탕스의 애송

× 폴 엘뤼아르 지음, 오생근 옮김, 〈자유〉, 《이곳에 살기 위하여》, 민음사, 1974.

시로 알려지며 프랑스 전역에 확산되었다. 1970년대 불문학자 오생근에 의해 《이곳에 살기 위하여》란 시집에 묶여 소개된 뒤 국내 시단에도 묵직한 반향을 일으켰는데, 김지하가 1975년에 쓴 대표작 〈타는 목마름으로〉는 사실상 〈자유〉의 모작이란 평가가 있을 정도다. 엘뤼아르와 가장 근사한 삶을 살았던 '전사 시인' 김남주의 시편에도 그에 대한 오마주로 읽힐 만한 표현이 가득하다.

자유, 근대정신의 상징이자 지고의 해방 이념

초현실주의 시인이자 완고한 공산당원이던 엘뤼아르에게도 자유란 평범하고 비루하고 고귀하고 위대한 모든 것 위에 찬란히 빛나는 지고의 이상이었다. '황금빛 조상'이 상징하는 금력도, '제왕들의 왕관'으로 형상화된 권력도 시인에겐 자유의 지고함을 돋보이게 하는 세속의 오브제objet에 불과했다. 자유는 인류사를 통틀어 질곡과 결핍 속에 존재하는 모든 이에게 강력한 투쟁의 무기이자 슬로건이었고, 근대정신의 상징이자 해방의 이념 자체였다.

'자유'와 '자유주의'라는 고전적 주제가 한국 정치의 화두로 재부상하기까지는, 검사 출신 대통령 윤석열의 구실이 작지 않다. 자유는 검찰총장직을 내던지고 정치 참여를 선언했을 때부터 윤석열의 핵심 어휘였다. 그는 말했다. "이 정권은 헌법의 근간인 자유민주주의에서 '자유'를 빼내려 한다. 자유가 빠진 민주주의는 독재요, 전제다." 이후 윤석열은 틈날 때마다 당시 집권 세력의 반자유주의적 편향을 공격하며, 자유민주주의의 진정한 수호자를 자임했다. 결국 그는 대선의 최후 승자가 되었고, 자신의 취임사를 자유라는 추상 언어로 빼곡히 채웠다.

흔히 보수 우익의 사상으로 오인되지만, 자유주의는 진보성과 보수성을 동시에 갖는 이념이다. 자유주의의 스펙트럼은 시장의 압도적 자유를 옹호하는 신자유주의부터, 국가 개입의 불가피성과 분배의 중요성을 강조하는 사회적 자유주의에 이르기까지 다양하다. 물론 역사에 실존해 온 자유주의는 사유재산제를 신성불가침의 제도로 간주하고 시장과 사적 영역에 대한 국가 개입의 최소화를 요구한다는 점에서 유산계급의 세계관이기도 했다. 그럼에도 차별 철폐와 언론·집회의 자유, 법치, 관용 같은 해방적·인간주의적 가치를 강력하게 옹호하고 발전시킨 것도 자유주의였다. 자유주의는 근원부터 보편적 해방의 이념이었다.

그러나 냉전의 최전선이자 시장경제의 진열장이던 대한민국에서 자유주의는 빈번하게 오인되고 오용되었다. 권위주의 정부 시절엔 반공주의의 동의어였고 민주화 이후엔 시장지상주의와 등치되었다. 이는 자유주의가 절대왕정, 봉건적 신분 질서와의 투쟁을 통해 자생적으로 성장하지 못하고, 근대의 충격과 함께 외부로부터 이식되었다는 한국적 특수성과 무관하지 않았다. 상하의 위계질서를 강조하는 유교 전통의 잔재, 분단과 전쟁을 경유하며 만들어진 반공주의의 완강한 규율 시스템 역시 한국의 자유주의를 상당 기간 불완전한 상태로 연명하게 한 내적 제약 요인이었다.

광주, 전두환 그리고 '자유주의의 주변화'

그러나 역사가 부과한 한계에도 김대중 같은 야당 지도자와 장준하·함석헌 같은 재야인사, 저항적 문인 집단과 종교인으로 대표되는 1970년대 자유주의자들은 군부가 주도하는 과두제 권력과 대결하는 과정에서 자유주의를 독재를 정당화하는 체제 이념이 아니라 유력한 저항 이념으로 자리 잡게 했다. 이들에게 '자유'는 "만인을 위해" 싸우고 "몸부림칠 때"(김남주, 〈자유〉) 비로소 주어지는 실존의 전리품이었다.

문제는 이들의 자유주의가 여전히 시민권적 자유를 요구하는 정치적 자유주의의 경계 안에 완강하게 머물렀고, 이런 정치적 자유주의마저 반공주의의 억압과 정면으로 대결하며 사상과 신념의 자유를 요구하는 수준까지 나아가지 못했다는 점이다. 이런 한계는 1980년대에 이르러 이념으로서의 지적·도덕적 헤게모니를 급진주의에 내주는 결정적 원인으로 작용했다.

결국 1980년대 저항 엘리트 세력은 1970년대 자유주의적 저항운동의 한계를 비판하며 급진주의로 빠르게 기울었다. 1980년 광주의 경험과 전두환 정권의 폭압 통치는 당대의 저항 주체들이 개인의 자유와 법치, 다원주의를 기본 원리로 삼는 자유주의를 평등과 인민주권이 핵심인 민주주의보다 하위의 이념 범주로 간주하게 했다. 눈여겨볼 점은 1980년대 저항 엘리트 세력에 의한 '자유주의의 주변화'가 30년이 더 지난 오늘날까지 끈질긴 영향력을 발휘한다는 사실이다.

2017년 문재인 정부 출범 뒤 적폐 청산 정국과 조국 사태를 거치며 집권 엘리트 세력 및 이들과 이념적·정서적 일체감을 느끼는 정권의 핵심 지지층 내부에선 자유주의 가치의 왜소화가 한층 심화한 단계로 나아간다. 이른바 '노무현 트라우마'에 뿌리를 둔 '피해자 서사'와 민주화 투쟁 경험이 빚어낸 '정치적 선민의식'이 보수 야당 세력과 검찰·언론 등 '비선출 권력' 내 비우호 세력에 대한 '악마화'와 결합하면서 타협과 절제, 균형이라는 자유민주주의 원칙이 무력화되는 상황까지 치달았다.

이런 점에서 윤석열이 대선에 뛰어들며 '자유'와 '자유민주주의'를 가치 전쟁의 최전선에 내세운 건, 정치 전략 차원에선 지극히 합리적인 선택이었다. 그의 '자유' 담론은 극우에서 진보층 일부까지 포괄하는 폭넓은 유권자층에서 호소력을 발휘했다. 그 담론적 위력의 상당 부분은 문재인 정부의 민주주의가 법치, 견제와 균형, 개인의 자유 같은 자유(민주)주의의 핵심 가치에서 이탈한다는 대중의 막연한 공통 감각에 근거해 있었다. 여기엔 검찰 개혁, 의회 운영, 선거 관리 같은 민감한 이슈에서 문재인 정권이 보인 미숙하고 성급한 대처가 빌미를 제공한 것도 사실이었다.

자유민주주의 앞세운 보수의 헤게모니 프로젝트

발터 베냐민이 역사유물론의 혁신을 제안하기 위해 쓴 에세이 도입부에는 '체스 두는 자동기계' 이야기가 등장한다.

> 들리는 얘기로는, 체스를 두는 자동기계가 있었는데, 이 기계는 누군가 수를 두면 정확히 그 반대 수를 두어 언제나 승부에서 이기게끔 만들어졌다고 한다…… 그런데 그 기계 안에는 체스의 달인인 곱사등이 난쟁이가 숨어 상대가 말을 움직일 때마다 줄을 당겨 인형의 손놀림을 조종했다.[×]

베냐민은 이 글에서 파시즘의 득세로 위기에 빠진 역사유물론과 사회주의 운동이 '억눌린 자들의 구원 서사'인 신학적 종말론을 받아들일 때에야 비로소 역사의 최종 승자가 될 수 있다고 역설한다. 말하자면 자동기계는 역사유물론이요, 그 안의 '왜소하고 못생긴' 난쟁이는 신학이다. 사회주의 운동의 쇄신을 위해 베냐민이 천착했던 신학적 종말론처럼, 오늘날의 한국 진보를 정당성 위기의 덫에서 탈출시킬 구원의 서사는 무엇인가.

2016년 광장의 촛불이 꿈꾼 건 반칙과 특권 없는 정의로운 연

× 발터 베냐민 지음, 반성완 옮김, 〈역사철학테제〉, 《발터 벤야민의 문예이론》, 민음사, 1992.

대의 공동체였다. 그 촛불의 열망 위에 등장한 리버럴 정권이 오만과 독선에 취해 스스로 무너졌다. 역설적으로 그 부끄럽고 쓰라린 패배 덕에 한국의 진보와 리버럴에겐 성찰과 쇄신의 시간이 열린 것도 사실이다. 윤석열식 자유민주주의를 앞세운 보수의 헤게모니 프로젝트 앞에서 진보와 리버럴이 선택할 수 있는 대안은 하나로 수렴한다. 자유(민주)주의를 자신의 것으로 전유하기 위한 사고와 행동 유형의 전환이다.

애초 자유민주주의는 법의 지배와 권력분립, 개인의 자유 보장을 핵심 원리로 삼는 자유주의와, 평등과 인민주권이 기본 원리인 민주주의가 결합해 만들어진 정치 레짐regime이다. 절대주의에 맞서 자유주의자와 민주주의자가 함께 투쟁하는 과정에서 탄생한 이 정체政體는 지난 세기 좌·우익 전체주의와의 대결에서 모두 승리하며 지구적 차원의 지배정체로 자리매김했다. 더 이상 반공주의나 시장지상주의라는 협소한 경계 안에 가둬두는 게 불가능할 만큼 정치적 의미 지평이 확장된 것이다.

봉건제의 속박과 종교적 도그마, 절대주의의 억압에 맞섰던 '해방의 이념' 자유주의가 시장주의자와 보수의 전유물이 되도록 방치한 건 한국 정치와 한국 민주주의의 불행이자 진보의 뼈아픈 실책이었다. 서구 좌파는 이미 자유민주주의를 자신들의 대안적 정체 안에 포용한 지 오래다. 1970년대 마르크스주의 국가론 논쟁의 주역이었던 이탈리아 정치사상가 노르베르토 보비오Norberto Bobbio는 사회주의의 목표를 '자유민주주의 가치의 심화'로 정의하면서 보편적 자유, 권력분립, 대의제를 사회주의가 방기해선 안 될 핵심 원칙으로 제시했다. 이 원칙은 대부분의 좌파 정당들에 의해 명시적·암묵적으로 수용되었다.

승리하는 진보, '자유민주주의 좌파'를 향하여

역사와 세계로 시선을 돌려도 '자유(민주)주의의 바깥'이 보이지 않는 상황이라면, 진보의 임무는 명확하다. '모두를 위한 자유와 평등'이란 자유민주주의의 윤리와 원칙을 온몸으로 밀고 나가는 것이다. 지금 한국의 진보에 자유주의란, 80여 년 전 한 유대인 마르크스주의자가 혁명 이론의 쇄신을 궁구하며 붙잡았던 그 왜소한 난쟁이, 신학의 다른 이름인 것이다.

> 만약 그것이 왜소하고 못생겼으며, 그렇기 때문에 어떻게 해서라도 그 모습을 밖으로 드러내어서는 안 되는 신학을 자기의 것으로 이용한다면, 누구하고도 한판 승부를 벌일 수가 있을 것이다.[x]

x 앞의 책.

키워드 9 민주주의와 자유

키워드 10 정치의 책임과 정당성

키워드 11 보수와 진보

키워드 12 제3지대와 회색지대

모두의 책임은 그 누구의 책임도 아니다

이세영

신진욱의 질문 2022년 10월 이태원 참사를 전후해 윤석열 정부가 보여주는 행태를 두고 '책임지지 않으려는 정부'의 전형이라는 비판의 목소리가 높았다. 공론장에서는 '왜 그날 그 시각에 이태원에 갔느냐'며 희생자를 탓하거나, 희생된 개인이나 정부의 책임이 아니라 '우리 모두의 책임'이자 '공동체의 책임'이란 논리도 횡행했다. 왜 우리는 이 미증유의 사회 재난 앞에서 '개인'도 '모두'도 아닌 '정부'의 책임을 물어야 하는가?

통치란 어떤 지도자가 개인들에게 일어나는 일이나 그들이 하는 모든 일에 책임을 지고, 그 지도자의 권위 아래 개인들을 두는, 결과적으로 개인들의 일생 전반에 걸쳐 그들을 인도하려는 활동을 의미한다.[×]

윤석열 정권은 '환멸'에 빚진 정권이다. 전임 정권의 무능과 오

× 미셸 푸코 지음, 오르트망 옮김, 《안전, 영토, 인구》, 난장, 2011.

만이 빚어낸 집단적 절망감이 없었더라면 촛불에 쫓겨간 구세력이 5년 만에 정권을 되찾는 희비극적 시나리오는 결단코 현실화하지 못했을 것이란 뜻이다. 그들이 집권을 위해 한 일이 환멸이라는 대중의 정동 위에 올라탄 것 말고 또 무엇이 있었는지 나는 잘 알지 못한다. 그러니 국가 경영의 원대한 비전과 정교한 통치 테크닉을 그들에게 기대하기란 애초부터 가망이 없는 일이었다.

2022년 10월 29일, 이태원의 비극이 폭로한 건 근대국가의 핵심 기능인 '살게 만드는' 능력, 미셸 푸코식으로 이야기하면 '개인에게 일어나는 일과 그들이 하는 일에 책임을 지고, 개인의 삶 전반을 인도하는' 통치 능력이 이 나라 집권 세력엔 결핍되어 있다는, 참담하되 놀랍지 않은 현실이었다.

살게 내버려 두는 권력, 살게 만드는 권력

푸코에 따르면 17~18세기를 전후해 서구에선 권력의 작동 방식에 의미심장한 변화가 일어난다. '죽게 만들고 살게 내버려 두는 것' 대신 '살게 만들고 죽게 내버려 두는 것'이 권력이 작동하는 지배적 특징으로 자리 잡았다는 것이다. '죽게 만들고 살게 내버려 두는' 권력은 '칼의 권력'이다. 토머스 홉스Thomas Hobbes의 《리바이어던》 초판 표지에 등장한 주권자의 모습은 이 칼의 권력이 작동하는 메커니즘을 압축적으로 보여준다. 왕관을 쓴 주권자는 낮은 구릉들로 이뤄진 자신의 영토 위로 상반신을 드러낸 채 왼손엔 왕홀(scepter)을, 오른손엔 칼을 쥐고 정면을 응시한다. 군주의 몸을 이루는 건 셀 수 없이 많은 인간의 신체다.

리바이어던의 칼은 '죽게 만드는' 권력의 징표다. 그는 삶을 빼앗는 권리, 죽일 수 있는 권리(생살여탈권)를 통해 권력을 행사한다. 말하자면 그것은 '죽게 만드는 권력'으로 인민의 삶을 보호하는, 역설의 권력이다. 그것이 '살게 내버려 두는' 권력인 이유는 자신에게 도전하지 않는 한 누가 어떻게 살든 신경 쓰지 않기 때문이며, 누군가를 '살게 만들'(살릴) 능력 자체가 애초부터 없는 탓이다.

이 권력은 근대국가의 출현과 더불어 '살게 만들고 죽게 내버려두는' 권력에 점차 자리를 내준다. 푸코는 말한다.

> 주권은 죽게 만들고 살게 내버려 뒀습니다. 그리고 이제 반대로, 제가 조절이라고 부르는 권력이, 살게 만들고 죽게 내버려 두는 것으로 이뤄진 권력이 나타났습니다.[×]

'살게 만드는' 권력은 살아 있는 사람을 대상으로 정보를 모으고 이들을 '인구'라는 집합 단위로 묶어 건강과 수명, 위생, 출생률 등을 증진하려고 부단히 노력한다. 푸코는 여기에 '생명관리권력'이란 이름을 붙였다. 생명관리권력의 뿌리는 기독교의 양

× 미셸 푸코 지음, 김상운 옮김, 《사회를 보호해야 한다》, 난장, 2015.

치기 모델(사목司牧 권력)이다. 그것은 양 떼를 돌보는 목자의 권력이자 신도 집단의 영혼을 구원으로 이끌기 위해 다양한 전략과 기예를 구사하는 종교 권력이다.

반면 생명관리권력은 내세의 구원(영혼의 안식) 대신 현세의 구원(인구의 안전, 복지, 행복)을 추구한다. 물론 이것이 선하고 인간주의적 동기에서 비롯된 것은 아니다. 생명관리권력의 진짜 목표는 인구의 규모와 질을 인위적으로 조절·통제해 한 사회가 보유한 경제적 생산 능력을 최대한도로 끌어올리는 데 있기 때문이다.

이태원 참사,
이 나라에 통치는 작동했는가

150명 넘는 희생자를 낸 이태원 참사는 국가의 존재 이유를 다시 묻게 했다. 참사가 일어난 그날 밤, 이 땅에 국가는 존재했는가, 통치는 작동했는가. 재난과 사고, 전염병 같은 우발 사태를 예방하고 대처하는 것은 인구의 안전과 행복을 추구하는 근대 국가의 핵심 기능이다. 대부분 국가에서 재난과 우발 사태를 다루는 기술과 정책, 매뉴얼, 법규를 촘촘히 배치해 두는 이유다.

하지만 참사 이후 드러난 건 구멍이 숭숭 뚫린 재난안전시스템, 재난에 대한 책임 추궁을 어떻게든 회피하려는 공적 주체들의 한결같은 비루함이었다. 그들의 행태와 심리는 핼러윈데이 행사 관리가 자신들의 공무와 무관함을 강변하는 짧은 진술 안에 집약되어 있다. '주최자 없는 행사에 대해선 안전 관리 매뉴얼 자체가 없다.' 이것은 '왜 사전에 충분한 안전 관리 조처를 하지 않았느냐'는 물음에 관할 용산구와 서울시, 행정안전부가 내놓은 공통된 답변이었다.

참사 이틀 뒤엔 대통령까지 가세했다. "이번 사고처럼 주최자가 없는 자발적 집단 행사에도 적용할 수 있는 '인파 사고 예방 안전 관리 시스템'을 마련해야 한다."(2022년 10월31일, 확대 주례 회동) 대통령의 이 말은 이태원 행사의 관리 책임이 정부나 지자체엔 없었으니, 예방과 대처가 부실했던 것에 대해선 묻지도 따지지도 말라는 정치적 지침이나 마찬가지였다.

그러나 참사 발생 사흘 뒤, 상황이 달라졌다. '압사 공포'를 호소하는 112신고 전화가 참사 4시간 전부터 현장 접수되었다는 사실, 경찰과 지자체가 아무런 비상 대응 조처도 하지 않았다는 사실, 심지어 참사가 발생하고 1시간이 훌쩍 넘어간 시각까지 경찰 수뇌부와 안전 주무부처의 장관은 관련 사실을 인지조차 못 했다는 사실이 공개된 것이다. 여론은 충격과 분노로 들끓었다. 행정적·법적 책임을 다했다며 버티던 용산구청장과 경찰청장, 서울시장, 행정안전부 장관이 줄줄이 고개 숙여 사과했다.

이후 정부 대응은 경찰과 지자체에 대한 법적·행정적 책임 추궁이 정부와 대통령의 정치적 책임 문제로 비화하는 것을 차단하는 데 맞춰졌다. 대통령이 먼저 가이드라인을 제시했다. "엄연히 책임이라고 하는 것은 있는 사람한테 딱딱 물어야 하는 것이지, 그냥 막연하게 다 책임지라는 것은 현대사회에서 있을 수 없는 이야기다."(2022년 11월 7일, 국가안전시스템 점검 회의) "과학에 기반한 강제 수사를 신속하게 진행해 이태원 참사의 실체적 진상을 규명하고, 그에 따른 법적 책임을 명확하게 해야 한다. 막연하게 정부 책임이라고 하는 건 바람직하지 않다."(2022년 11월 10일, 대통령실 수석비서관 간담회) 참사를 예방하거나 조기에 수습하지 못한 책임은 현장을 관리하고 통제하는 실무진의 부적절한 대처에 있었던 만큼 주무장관과 총리, 대통령에겐 행정 각료와 수반으로서 도의적 책임을 통감하는 것 이상의 반응은 기대하지 말라는 투였다.

개인화·윤리화,
국가 책임을 회피하는 두 가지 길

정치권력의 위기를 초래하는 요인은 여러 가지다. 하나가 정치적 정당성을 의심받는 경우다. 정통성 위기다. 하지만 심각한 선거 부정을 저지르거나 민주적 기본 질서를 훼손한 경우가 아니라면 아무리 정권의 인기가 떨어져도 정치적 정당성을 문제 삼기란 쉽지 않다. 집권 뒤 위기는 대체로 '통치의 정당성'이 흔들리는 것에서 시작된다. 원인은 부패와 무능이다.

정권의 무능은 주로 정책 실패를 통해 가시화된다. 집권 마지막 해까지 문재인 정부의 발목을 잡았던 주택 전세·매매가 폭등, 일자리·소득 양극화가 대표적이다. 그 무능함에 유권자는 선거로 정치적 책임을 물었다. '촛불 정부'를 자임했던 문재인 정부는 결국 국민이 촛불을 들어 탄핵한 세력에 5년 만에 정권을 넘겨줬다.

정책 실패가 '주기적 선거'를 통해 정치적 책임을 추궁받는 것과 달리 생명·안전과 직결된 국가 기능이 오작동해 발생한 사회 재난은 즉각적인 통치 위기로 비화할 가능성이 크다. '(잘) 살게 만드는' 데 실패한 정권은 선거를 기다려 책임을 묻지만, 피할 수 있었던 재난을 방치해 누군가를 '죽게 만든' 권력에 대해선 정치적 인내심을 갖고 지켜봐 줄 국민이 많지 않은 탓이다.

그 치명성을 아는 정치권력은 사회 재난으로 인한 희생에는 한사코 책임을 인정하지 않으려 한다. 행정 하부 단위로 책임을 떠넘겨 '꼬리 자르기'를 꾀하는 건 물론, 지지층과 제 편인 미디어와 손잡고 '프레임 바꾸기'를 도모한다. 불행의 일차 원인이 피해 당사자의 잘못된 선택에 있는 것처럼 '개인화'하거나, 공동체 전체의 책임으로 돌려 문제 자체를 '윤리화'하는 것이다.

이런 전위 메커니즘은 이태원 참사에서도 어김없이 작동한다. 희생자를 조롱하고 비난하는 언설이 주로 '위장된 솔직함'으로 자락을 깔고 들어가는 사적 대화와 익명의 온라인 세계에 횡행한다면, '누구의 잘못을 탓할 것 없는, 공동체 전체의 책임'이란 진술은 대체로 보수적 레거시 미디어의 공론장에서 환영받는다. "정작 물어야 할 것은 '공동체적 책임'이다. 이 사고의 책임에서 자유로운 이는 아무도 없다. 모두가 공범이다."[×]

× 진중권, 〈공동체적 책임〉, 《중앙일보》, 2022년 11월 3일.

국가의 오류와 실패를 하나하나 되짚어야

재난은 그 파괴성과 충격으로 인해 희생자뿐 아니라 사회 전체에 깊은 상처를 남긴다. 당하는 개인에게는 갑작스럽고 돌발적인 경험이지만, 사회적·국가적 차원에선 예측 가능했던 위험이 현실화한 경우가 대부분이다. 따라서 그 책임을 개인에게 오롯이 떠넘기는 것은 무책임할뿐더러 부도덕하기까지 하다.

사회적 재난에는 공동체 전체의 책임이 뒤따라야 한다는 말 역시 틀린 게 아니다. 하지만 그 말이 '국가'나 '권한을 가진 공적 주체'에 대한 책임 추궁의 부당함을 지지하는 논거로 채택되는 순간, 무책임을 방조하고 국가의 실패를 변론하는 보수적 국가주의의 언어로 타락하고 만다.

국가는 잠재적 위험에 대비할 정책 생산을 위임받은 주체로, 그것을 실행할 자원과 권력을 독점적으로 소유한다. 따라서 재난에 대한 공동체의 책임은 비극이 재발하지 않도록 국가의 오류와 실패를 하나하나 되짚는 것부터 이행되어야 한다. 무엇보다 재난에서 보호받을 권리를 정치적으로 공론화하는 것, 불합리한 제도와 관행을 바로잡기 위해 공동의 행동을 조직하는 것이야말로 재난에 책임지는 공동체의 모습이다. 그게 아니라면, 모두의 책임은 그 누구의 책임도 아닌 게 된다.

보수도 진보도 신뢰를 잃은 환멸의 시대

신진욱

이세영의 질문 정치인들은 경제와 일자리, 교육, 고령화 등 사회문제에 누구보다 많은 말을 한다. 하지만 실제 정치는 그것을 해결하는 데 있어 무능하다. 지식과 기술, 조직 등 모든 면에서 고도로 합리화한 현대사회에서 왜 유독 정치는 맹신과 증오, 집단 감정에 휘둘리는가? 그럼에도 사회는 정치 없이 작동할 수 있는가? 정치가 끝내 역할을 하지 못한 우리 사회와 지구의 결말은 어떻게 될 것인가? 좋은 정치는 왜 긴급한 현실인가?

윤석열 정부는 출범하고 점차 시간이 지나면서 반노동 검찰 국가로서 실체를 더 분명히 드러내고 있다. 대통령은 파업 노동자를 북한에 빗대어 '적'이라고 부르더니, 곧이어 공식적으로 노조를 '3대 악'의 하나로 규정했다. 여당은 전 정권과 야당을 계속 북한과 연결된 집단으로 몰아가고, 대통령실과 검찰·감사원 등 권력기관이 정치를 대신해 정국을 주도하고 있다.

이런 경향은 계층, 이념, 문화, 거버넌스 등 여러 면에서 우리 사회를 퇴행시키고 있다. 윤석열 정부를 무능·무지·무책임 등 '무無'로만 규정하는 관점은 이런 위험을 놓칠 수 있다. 나아가 지금 노동·연금·교육·선거법 등 일련의 '개혁'을 내걸고 미조직 노동자, 비정규직, 청년 등 '약자'를 지지층으로 초대하는 전략은 박근혜 정부의 '4대 개혁'보다 속도가 빠른 것이다.

그러나 단지 비난하고, 항의하고, 저지하는 것만으로는 정치 현실을 바꾸기에 충분하지 않다. 지금 한국 정치의 문제 상황은 그보다 깊기 때문이다. '촛불'의 국민적 열광 뒤에 온 환멸의 시간, '좋은 정치'의 가능성 자체에 대한 깊은 회의가 지금도 계속된다는 문제 말이다.

무력감, 권위주의 지배의 사회심리적 기초

문재인 정부는 민주주의와 헌법주의의 기본 가치에 대한 공감대로 묶인 좌우 유권자 촛불 연합을 토대로 사회 개혁을 하리라는 기대 속에 출범했다. 이후 문재인 정부는 한반도 전쟁 위기와 코로나19라는 국가적 위기를 극복하는 등 역량을 발휘했지만, 촛불 연합을 적폐/개혁, 보수/진보, 친일/반일로 갈라서 분열시켰고, 그러면서도 정작 과감한 구조 개혁은 회피해 진보층까지 잃었다.

특히 임기 하반기의 지지율 추락 과정은 격렬했다. 집값 폭등과 자산 격차 심화, 정권 실세의 자녀 입시 비리 논란과 재임 중 고액 자산 증식, 진보 세력 내부의 분열, 정권 지지자와 반대자의 집단적 대결, 극우 세력 준동 등 이 모든 것이 '촛불 명예혁명'

에 대한 집단적 기억을 해체했다. 환희는 실망으로, 배신감으로, 분노로, 종국엔 냉소와 무기력으로 변해갔다.

무기력한 사회와 권위주의적 검찰 국가의 조합은 대단히 위험하다. 에리히 프롬Erich Fromm은 나치 집권 몇 년 뒤인 1937년 〈무력감에 대하여〉(*Zum Gefühl der Ohnmacht*)라는 제목의 에세이에서, 개인들이 정치사회적 과정에 그저 종속될 뿐 거기에 아무 영향도 미칠 수 없다는 무력감이야말로 권위주의 지배의 사회심리적 기초라고 썼다. 그런 무력감에서 벗어나려면, 여기에 이르게 된 과정과 구조를 냉정히 인식해야 한다.

우선 민주화 이후 한국 사회의 권력 지형 변화가 중요하다. 과거에 주변부였던 진보·민주화 세력의 일부가 중심부로 진입하고 주류에 동참하는 과정이 꾸준히 진행되었는데, 특히 문재인 정부 출범으로 이 새로운 시대 상황이 명확해졌다. 그에 따라 민주·진보·평등을 표방하는 권력 내부에 특권과 사익을 취하는 자가 생겨남으로써 자기모순이 심화되었다. 그 결과는 모든 정치적 진정성에 대한 신뢰의 붕괴였다.

진보의 위기, 보수의 무기, 대중의 환멸

모리스 뒤베르제에 따르면, 정치는 한편으로 사회 일반 이익과 공동선을 실현하는 것, 정치 공동체 구성원들의 결속과 통합을 이루는 것으로 이해되지만, 많은 사람에게 정치는 또한 지배를 통해 사익을 취하려는 집단 간의 투쟁, 권력을 쥔 소수의 특권을 유지하는 수단으로 비친다. 정치는 이처럼 공과 사의 이중성을 갖는데, 그에 대한 성찰을 거부하고 자신을 순수한 공동선의 구현으로 자임할 때 그 권력은 진정 위험한 것이 된다.

한국에서 그런 이중성은 예전 보수 우익 독재 세력의 것이었다. 하지만 지금은 진보주의를 표방하는 세력도 마찬가지다. 사회 특권층과 인맥을 맺고 부정과 남용을 행하는 자가 생겨나는 구조적 조건이 있기 때문이다. 그 결과 진보는 도덕적 신뢰라는 자산을 잃었고, 보수는 진보의 위선에 대한 공격이라는 무기를 얻었으며, 대중이 얻은 것은 환멸이다. 여기서 정치는 도덕과 별개라는 항변은 답이 아니다. 모든 권력에 대한 견제와 엄격한 자정 장치가 절실하다.

그런데 지금 한국에선 '적과 동지'의 적대 관계가 사회 전체로 퍼져, 성찰 없는 비난의 정치만 반복되고 있다. 독일 법학자 카를 슈미트는 이 상황을 정확히 감지하고 있었다. 주지하는 바와 같이 슈미트는 '정치적'인 것의 고유한 목적과 동기가 '적과 동지'의 구분을 특징으로 한다고 주장했다. 정치는 집단적인 결속과 대결로 작동하며 그 점에서 도덕적인 선과 악, 미적인 아름다움과 추함, 학문의 참과 거짓, 경제적 이익과 손실이라는 코드로 작동하는 다른 사회 영역들과 구분된다.

하지만 민주주의 사회에서는 이제까지 '단지' 사회적 사안이던 것이 국가적·정치적 사안이 되는 반면, 국가적·정치적 사안이던 것은 사회의 관심사가 되어 지금껏 '중립적'이던 종교·문화·교육 등 다양한 사회 영역이 정치화되는 경향이 있다고 슈미트는 봤다.

상대를 파괴하지만 상대보다 나은 대안은 없는

그의 관찰을 심화해 보면, 이 과정에서 '적과 동지', '선과 악', '미와 추', '참과 거짓'의 코드가 혼합된다는 사실이 중요하다. 즉, 내 당파는 단지 나와 같은 편일 뿐 아니라 또한 선하고, 아름답고, 참이다. 상대 당파는 단지 내 당파와 대결할 뿐 아니라 또한 악하고, 추하고, 거짓이다. 이런 상황은 모든 것이 정치가 되는 과잉 정치화를 뜻하기도 하지만 사회 갈등을 조직해 협상·조정하는 정치의 실종을 뜻하기도 한다. 이 선악 구도를 반드시 극복해야 한다.

이처럼 정치 행위자들이 비난과 대결에 몰두하는 가운데, 사회의 복잡한 이해 갈등을 풀어갈 정치의 능력은 약화된다. 공적 행위로서 정치는 공동선을 표방하는 동시에, 사회집단의 특수한 이익을 접합해야 한다. 그처럼 정치에는 보편성과 특수성이 공존하기에, 정치집단은 각자의 방식으로 사회집단의 이익을 연결해 넓은 동의 기반을 구축하려 경합한다.

아르헨티나 출신 정치 이론가 에르네스토 라클라우Ernesto Laclau의 언어를 빌리면, 특수하고 부분적인 이익을 접합해 그것이 사회 전체의 이익, 또는 만인의 해방과 등가인 것처럼 여겨지게

할 때 '헤게모니'가 구성되고, 대중이 그런 등가성을 납득할 수 없을 때 헤게모니는 해체된다. 바로 그러한 헤게모니 기획을 수립할 야심과 능력이 한국 정치에서 사라지고 있다.

좌우를 막론하고 한국 정치는 현시대의 새로운 문제와 균열 구조에 대응하는 데 실패하고 있다. 노동계급은 생산·서비스·사무직으로 분화되고, 노동시장은 대·중소기업, 정규·비정규직으로 분절되었으며, 플랫폼·긱경제 등 다양하게 정의되는 새로운 고용 관계와 노동 형태가 늘어났다. 그 결과 정치가 대변해야 할 '국민', '시민', '민중'의 처지와 이해관계는 대단히 복잡해졌다.

경제적 이해 갈등이 전부가 아니다. 계급, 젠더, 지역, 세대 등 다중적인 격차와 갈등이 심화했다. 자본/노동, 남성/여성, 자가/임대, 서울/지방 등 여러 균열이 교차하기에 노동의 연대가 남녀로 찢어지고, 여성의 연대가 계급으로 찢어지며, 계급과 젠더의 연대가 지역 격차로 찢어진다. 이런 현실은 정치가 고도의 종합적인 조정 능력을 발전시킬 것을 요구한다.

궁극적으로 문제의 핵심은, 주요 정치집단들이 양극화된 증오와 대결을 반복하는 가운데 한국 사회의 복잡한 갈등과 구조적 문제를 풀어갈 정치의 공간이 소멸한다는 데 있다. 그 빈자리에 민중 없는 포퓰리즘, 배타적 팬덤 정치, 증오와 극단주의가 번성하는데, 이것은 상대를 파괴할 수는 있지만 상대보다 나은 대안을 갖고 있진 않음을 누구나 알기에 무기력에 빠지게 된다. 이 악순환의 고리를 끊을 수 있는가? 우리가 짚고 일어설 땅이 있는가?

'촛불 이후'의 새로운 상상력이 필요하다

나는 2022년 7월에 고려대 박선경 교수, 길정아 박사와 함께 민주화운동기념사업회의 지원으로 실시한 인식 조사에서 흥미로운 결과를 발견했다. 2016~2017년 촛불 집회와 박근혜 전 대통령 탄핵이 한국 민주주의에 긍정적 영향을 미쳤다는 응답이 각각 77%, 76%로, 촛불 당시 여론과 정확히 같았다. 모든 선한 의지를 조롱한 지난 수년의 시간에도 불구하고, 우리 사회에 더 좋은 세상, 더 나은 민주주의를 향한 소망은 아직 소멸하지 않았을지도 모른다고 생각하게 된다.

하지만 2002년 미선·효순 추모 집회에서 시작하여 2016년 탄핵 촉구 촛불 집회에서 절정에 이른 '촛불'이라는 상징의 매력은 이제 그때와 같지 않다. 그뿐만 아니라 '촛불 집회'라는 방식의 대중행동을 통해 사람 사는 세상, 나라다운 나라를 만들 수 있으리라는 믿음에도 굵은 금이 갔다. 2016년 촛불을 긍정적으로 평가하고 있는 77%의 소망을, 이제 우리는 '촛불 이후'의 새로운 언어, 새로운 상상력, 새로운 정치 주체와 실천의 방법론으로 승화해야 한다.

키워드 9　민주주의와 자유

키워드 10　정치의 책임과 정당성

키워드 11　보수와 진보

키워드 12　제3지대와 회색지대

보수의 삼진아웃, 결과는 '어쩌다' 윤석열

신진욱

이세영의 질문 보수 정치가 배출했던 전직 대통령 두 명은 법원에서 중형을 선고받았고 그중 한 명은 탄핵되었다. 지금 보수 정치는 검찰 권력에 예속되어 있고, 국가적 리더십을 국민에게 인정받지 못하고 있다. 한국 보수 정치는 왜 이렇게 되었고, 어디로 가는 걸까?

이명박·박근혜 두 전직 대통령의 탄핵과 수감으로 10년의 보수 정부 시대가 끝난 뒤, 문재인 정부 역시 우리 사회에 의미 있는 변화를 이루지 못했다는 실망이 누적되어 정권 교체가 일어났다. 그러나 새로 들어선 윤석열 정부는 공동체에 대한 책임 의식의 철저한 부재는 물론, 통치를 위한 최소한의 준비 자체가 되어 있지 않은 모습을 보여주고 있어 보수와 진보의 이념 차이를 넘어 많은 국민의 우려와 탄식을 낳고 있다.

정부 출범 후 집권 초기로는 이례적으로 대통령 지지율이 극히 저조하여 국정 추진 동력 자체가 부재했다. 더 근본적인 문제는 새 정부가 경제, 외교, 대북, 복지, 교육 등 핵심 정책 분야에서 그 어떤 능동적 정책 비전과 목표, 로드맵도 보여준 바 없다는 사실이다. 국민들이 그동안 보고 들은 것은 이전 정권에 대한 비난과 검경·국정원·감사원의 수많은 조사, 감사, 수사, 압수수색 소식뿐이다. 윤 대통령과 정부가 그동안 진심으로 밀어붙인 유일한 정책은 '일본인의 마음을 열기' 위한 일들이었다.

이런 국정 수행의 무능과 무책임의 원인을 홍보와 인사 등 기술적 요인에서 찾는 사람들도 있고, 궁극적으로 대통령과 그 주변 인물들의 문제라고 말하는 사람도 있다. 그런 해석들은 모두 일면의 진실이 있다. 하지만 문제는 대통령을 비롯한 권력 중심의 몇몇 개인만이 아니라는 점을 인식해야 한다. 본질적인 문제는 왜 그런 자들이 그 자리에 있게 되었느냐다. 결국 보수 정치의 권력 중심에 좋은 사람들이 없다는 것이다.

보수 정치의 중심에 좋은 사람이 없다

그러므로 지금 우리 사회에 던져진 질문은 그저 왜 윤석열 대통령이 잘못하고 있는가가 아니라, 왜 보수 정치의 혁신을 이끌 새로운 리더십의 형성이 이토록 오랫동안 지체되고 있는가다. 보수 정부의 성공을 도울 유능한 인재들이 우리 사회에 수없이 많은데도, 왜 우리 사회에서 가장 거칠고, 무능하고, 부패하고, 파렴치하고, 극단적인 부류의 사람들이 유독 보수 정치의 정상에 다 모여 있느냐는 말이다.

근본 원인은 민주화 이후 보수 정치가 독재의 유산과 단절하지 못하고 오히려 퇴행해 왔기 때문이다. 독재를 겪은 다른 많은 나라에서도 보수 정치는 그런 역사적 과제에 직면했고, 보수가 이 문턱을 넘은 나라에서 정치가 발전했다. 일례로 독일의 기독민주연합(CDU)은 나치 패망 후 보수적 가치를 바탕으로 노동·복지·인권·환경 등 개혁 의제를 포용한 국민정당이 되어갔다.

한국에서 보수 정치는 민주화 이후 극복해야 할 세 가지 역사적 유산이 있었다. 첫째는 협치와 대화보다 국가권력을 동원하는 권위주의 통치 방식, 둘째는 기득권층의 특권·특혜와 노동착취, 셋째는 반공·반북·반좌파 등 방어적 정체성이 아닌 보편적·긍정적 이념의 부재가 그것이다.

박정희 군사 정변의 주체 세력은 대외적으로 '자유민주주의와 자유경제'를 표방했지만 현실에서는 국가와 재벌의 동맹에 의한 산업 발전이 최우선이었다. 정치적 자유도, 민주주의도, 공정 경쟁도 없었다. 노동 인권은 전무했고, 복지 예산이 국내총생산의 1%밖에 안 되는 각자도생의 나라였다.

국가 공식 이념이던 '자유민주주의'는 분단·독재체제의 상황에서 반공·반북의 사상 통제를 위한 전체주의 이데올로기로 작동했다. 그것은 시민적 자유, 정치 경쟁, 참여권, 법치와 같은 사회적 이상의 내용은 없이, 오로지 통치 체제 유지를 위해 동원되는 공허한 기호일 뿐이었다.

보수 정치가 이러한 역사적 유산을 극복한다는 것은 보편적 인권, 시민 참여, 사회적 대화, 복지국가, 공동체적 가치를 중시하는 보수가 된다는 뜻이다. 그러나 민주화 이후 보수를 표방하는 정치사회 세력은 좀처럼 과거와 단절하고 다시 태어나지 못했다.

다원주의 죽고 극우만 남은 보수 정치

정치 환경의 민주화와 사회문화적 다원화 속에서 보수 세력은 진보 세력과 치열한 경합 관계에 놓이게 되었다. 이에 보수파는 전통적인 반공 권위주의를 적극적으로 정당화하거나, 새 시대에 부응하는 혁신을 이뤄야만 했다. 그 한쪽 극단에는 진보파를 척결해야 한다고 믿는 극단주의자가, 반대쪽 극단에는 그러한 폭력성과 단절하려는 다원주의적 보수파가 있었다.

이러한 역동성을 우리가 잘 이해하려면 '보수'나 '진보'가 하나의 통일된 집단이나 이념 체계가 아니라는 사실을 인식해야 한다. 보수, 진보, 보수주의, 자유주의, 진보주의 같은 단어는 모두 단수형 명사지만 현실에서는 다양한 이념적 요소와 세력을 포함한다. 그중 어떤 쪽이 주류가 되느냐가 관건이다.

민주화 이후에 한국의 보수 정치가 과거의 유산을 어쩌면 극복할 수도 있었던 세 번의 기회가 있었다. 민주화 직후, 참여정부 후반, 그리고 탄핵 이후였다. 그러나 앞의 두 번은 보수 정치 내의 수구파와 개혁파 사이에 벌어진 각축 끝에 수구파가 승리했고, 세 번째 기회에서는 아예 아무런 각축도 일어나지 않았다. 그 결과가 윤석열 정부의 탄생이다.

민주화 직후 노태우·김영삼 정부는 권위주의 지배 체제의 연장선에 있었지만 어느 정도 새로운 시대를 수용하는 방향으로 변화를 시도했다. 노태우 대통령의 북방 정책, 김영삼 대통령의 문민화 정책 등이 그러하다. 보수 언론도 이 시기에는 개혁적 시민 단체들과 캠페인을 하며 인권, 여성, 환경, 복지 등 여러 면에서 전향적인 태도를 보였다.

그러나 같은 시기에 강경 보수 사회 세력이 활발히 조직되었다. 독재 때는 직능단체나 관변 단체가 전부였지만 이제는 능동적 반좌파 투쟁 단체가 중심이었다. 1987년 자유총연맹, 1989년 한국기독교총연합회, 1995년 육해공군해병대 예비역대령연합회 등이 창립되었고, 연합 조직으로 1994년 자유민주민족회의, 2000년 자유시민연대 등이 발족했다.

이들은 '체제 수호'라는 독재 시대 자유민주주의 이데올로기를 계승했다. 독재 때는 민주화 운동이나 노동쟁의를 '내부의 적'으로 몰아 고문·감금했다면, 이제는 정치권력과 국가기구가 '진보좌파에 점령'되었다는 방어적 극우 이데올로기가 부상했다. 김영삼 정부는 이러한 시대 상황에서 보수를 새 시대에 맞는 방향으로 혁신하지 못하고, 점차 억압적인 정권으로 퇴행했다.

중도·온건 시민들과 괴리 깊어져

노무현 대통령 시기는 보수 정치 혁신의 두 번째 기회였다. 노

대통령 당선 뒤 한나라당은 구舊민주당 세력과 손잡고 대통령 탄핵을 시도했으나 실패했고 총선에서 열린우리당에 참패해 '천막 정당' 신세가 되었다. 《조선일보》 문화부장을 지낸 이한우는 2005년에 〈한국의 자유주의와 조선일보〉라는 글에서 "밖으로는 정권 상실, 안으로는 이론적 공허함이라는 이중적인 위험"으로 이 상황을 정의했다.

이 시점에 보수의 이념을 재정립하려는 여러 시도가 이뤄졌다. 일례로 윤평중 한신대 명예교수의 '비판적 자유주의'는 자유주의의 한계에 대한 자기비판, 자유주의 이상에 입각한 사회 비판을 통해 냉전 반공주의, 시장만능주의, 반자유주의적 진보주의를 극복할 것을 주장했다. 고故 박세일 서울대 교수의 공동체 자유주의는 '좋은 자유와 좋은 공동체의 선순환 관계'를 실현해야 함을 주창했고, 한나라당은 이를 당 노선으로 채택해 따뜻한 보수의 이미지를 만들어 내려 했다.

하지만 현실에서 노무현 정부에 대한 많은 보수 세력의 반응은 극단주의를 향해 다가가고 있었다. '국민행동친북좌익척결본부', '반핵·반김 국민협의회', '자유민주비상국민회의' 등 반공우익 단체들이 설립되었다. 또한 '뉴라이트 네트워크', '뉴라이트 전국연합' 같은 연합체가 설립되었는데, 이 중 일부는 포용적인 보수로의 변화를 추구했지만 대부분은 강한 이념 성향을 띠고 있었다. 노인층 유권자의 강경 보수화가 시작된 것도 바로 이 시기다.

이처럼 사회 영역에서 보수 단체와 유권자가 과격화함에 따라 한편으론 보수 정치권이 그런 강경 지지층에 구속받는 구조가 생겼고, 다른 한편으론 중도와 온건 보수 성향의 다수 시민과 괴리가 깊어지는 구조가 생겼다. 이명박·박근혜 정부가 끊임없이 시민들의 저항에 부딪혔던 점, 그리고 정권 내부의 부패와 실정을 스스로 교정할 수 없었던 점이 이 구조로 설명된다.

박근혜 전 대통령의 탄핵은 이러한 실패를 성찰하고 진정한 민주화 시대의 보수 정치로 다시 태어날 수 있는, 아니 그래야만 했던 세 번째의 기회였다. 그러나 불행히도, 그리고 의아하게도, 우리는 문재인 정부 5년 동안 보수 정치권 내에서 그러한 성찰과 변화의 시도를 보지 못했다. 변화의 시도가 없었기 때문에 변화에 저항하는 힘과 충돌하는 장면도 본 적이 없다. 그 결과, 윤석열 정부 출범 후에 국정은 한국 사회의 정상적 다수가 공감할 수 없는 극우적 사고와 행태로 채워지고 있다.

성찰과 변화의 시도 없었다

이는 이명박, 박근혜, 윤석열 정부로 오면서 보수 정치가 계속 퇴행해왔음을 말해준다. 이념의 언어는 공허해지고, 정책의 고민은 사라졌으며, 오직 '밈meme'만 남았다. 여가부, 페미, 멸공, 좌파, 종북 같은 한 단어 '밈'들은 혐오, 불안, 증오, 열등감 같은 어지러운 감정들의 도가니였다. 정치로, 정책으로 구체화할 내용은 텅 비어 있었다.

이것은 보수 정치만의 문제인가? 양대 정당이 상대방의 허물로 자신의 허물을 덮는 식으로 적대적 공존을 이어가는 정당 체제에서, 한쪽의 모습은 다른 쪽의 모습을 비추는 거울이다. 그래서 이 글은 민주당에도 다소 변형된 형태로 그대로 적용될 수 있을 것이다. 패배와 위기라는 혁신의 기회를 놓치면 극단적이고 퇴행적인 집단으로 고착된다는 사실 말이다.

우리 시대의 '진보'란 무엇이며 누구인가

신진욱

이세영의 질문 최근 더불어민주당뿐 아니라 정의당까지 연이은 선거 패배와 지지율 추락을 겪었다. 진보적 시민사회 역시 깊은 침체에 빠졌다는 평가가 있다. 지금 '진보의 위기'는 얼마나 깊으며 그 핵심은 무엇인가? '진보의 재구성'은 어디로 가야 하나?

2017년 대선부터 2020년 총선까지 더불어민주당은 20~40대 진보 유권자들의 압도적 지지를 받았지만, 문 정부 후반기에 양대 정당 중 어느 쪽도 지지하지 않는 젊은 유권자층이 크게 늘었다. 한편 2022년 대선에서 윤석열 후보는 20~30대에서 낮지 않은 득표를 했지만, 새 정부 출범 후 대통령 국정 수행에 대한 청년층의 긍정 평가율은 매우 낮다.

이처럼 더불어민주당을 수년간 지지했던 젊은 유권자들의 상당수가 실망으로 돌아섰지만 보수파가 되진 않은 이런 상황은, 예를 들어 '진정한 진보'를 자임하는 정의당을 위한 시간일 수 있다. 하지만 정의당은 오히려 어느 때보다 심각한 존재감의 위기를 겪고 있다. 하지만 정의당의 위기가 곧 진보 정치의 위기일까? 진보의 위기는 그보다 깊은 것일 수 있다.

지금 시대에 진보의 의미는 과연 무엇일까? 진보라는 단어를 특정 집단이 독점하는 것에 얼마나 많은 사람이 동의할까? 오늘날 어떤 이념이나 세력을 진보라고 부를 수 있는 공통 분모 또는 핵심적 특성은 무엇일까? 진보 정치의 사회적 환경은 어떻게 바뀌었으며, 그 변화는 진보의 이념과 노선에 어떤 변화를 요구할까? 이런 질문들에 대한 심도 있는 고찰과 실제적인 변화가 긴급한 시점이다.

'진보'의 사회적 기반은 민주화 이후 확대

'진보주의'는 완결된 체계를 갖춘 사상이라기보다는 다양한 역사적 맥락들에서 만들어진 정치사회적 담론 지층들의 총체다. 그것은 여러 변혁적 가치와 규범, 현실 진단과 이행의 비전들을 포함하고 접합하는 헤게모니 전략의 총체이기도 하다. 따라서 그것의 내용은 시대 변화와 함께 재구성되어야만 한다. 그런 혁신에 성공한다면 진보주의자는 계속 다수를 결집할 수 있겠지만, 만약 변화하는 현실과 낡은 진보주의 간의 간극이 벌어진다면 진보주의자들은 사회에서 고립된 자기들만의 성城에서 살게 될 것이다.

한국에서 사회변혁의 사상과 주체는 다양한 명칭을 가졌다. 정치적 개념으로서 진보의 역사를 추적한다면 1950년대에 상당한 국민적 신망을 얻었던 조봉암과 진보당까지 거슬러 올라갈 것이다. 하지만 1950~1960년대 진보주의자들은 '혁신' 세력으로 많이 불렸고, 1970~1980년대엔 '민중'이 민주화 운동 세력에게 핵심어가 되었으며, 민주화 달성 이후인 1990년대에는 '시민'이 새로운 개혁 운동의 주체 개념으로 등장했다.

진보가 한국 사회의 이념·가치 세력이자 정치 세력을 지칭하는 개념으로 널리 언급되기 시작한 것은 1990년대며, 이런 용법은 2000년대 들어 완전히 대중화되었다. 국내 전국 일간지에서 진보가 정치, 정당, 이념, 운동과 함께 언급된 기사량의 장기 추이를 분석해 보면 이 점은 분명히 확인된다. 1990년에 386건에 불과하던 것이 2004년엔 2,267건, 2020년엔 6,059건으로 급증한다.

이런 추이의 배경은 2002년 노무현 대통령 당선, 2004년 총선에서 열린우리당 개혁파의 승리와 민주노동당의 원내 제3당 진출 등, 정당과 유권자 지형의 실제적인 변화다. 특히 민주노동당의 성공은 당시 리더십과 전략에 의해 설명되는 면도 있지만 그런 내부 요인은 시대 환경과의 관계 속에서 평가되어야 한다.

그 시기에 한국 사회는 김대중·노무현 정부하에서 정치 민주화와 문화적 자유화가 이뤄지고 있었지만, 1997년 금융위기 이후에 긴급해진 노동·복지·불평등 의제를 대변해 줄 정치 세력을 필요로 했다. 보수 진영은 이런 의제에 적대적이었고, 민주당은 미온적이었으며, 시민사회는 평등주의를 지지할 연대 네트워크를 갖고 있었다. 민주노동당은 이러한 거시적인 행위자 배열 안에서 명확한 존재 이유를 갖고 있었고, 거기에 집중했다.

그러나 2000년대 이후 한국 자본주의와 노동시장, 계급 구조, 문화적 지형에 큰 변화가 진행되었다. 하지만 진보 정치와 진보 운동은 아직 그 변화의 핵심을 체계적으로 진단하고 전략적이고 조직적인 혁신의 길을 판단하는 데에 계속해서 어려움을 겪고 있다. 깊은 위기인 것이다. 그러한 구조적 변화를 네 측면으로 구분하여 이야기해 볼까 한다.

‘우리 안의 균열’이라는 도전

첫째는 한국 자본주의의 변화와 함께 진행된 계급 구조의 변화다. 전략적 관점에서 봤을 때 가장 중요한 점은 ‘민중’의 내적 분화와 새로운 계급의 출현에 따라, 진보 정치의 핵심 기반과 동맹 전략을 어떻게 설정할지가 불분명해졌다는 것이다. 계급 구조 변화는 오늘날 서구 사회에서도 진보 정치에 큰 도전이 되지만, 거기에 한국적 특수성이 중첩된다.

현재 한국 사회에선 삼중의 역사적 층위가 동시대 계급 구조 안에 공존하고 있다. 후발 산업화 국가로서 아직 상대적으로 많이 남아 있는 자영업자 집단과 비공식 부문, 다음으로 꾸준히 확장되어 온 생산·사무·서비스직 노동계급, 그리고 최근 더욱 증가하는 플랫폼 경제 종사자, 장기 구직자 등 새로운 불안정 계급이다.

이처럼 복잡하고 이질적인 계급 구조 안에서, 비지배계급 내의 상이한 존재 조건과 이해관계를 조정하는 연대의 전략을 짠다는 과제는 쉬운 일이 아니다. 포괄적 연대가 필요하다는 추상적 당위론이 공허하게 들리는 이유가 여기에 있다. 어떤 때는 비정규직을 옹호하며 정규직을 기득권층으로 몰고, 다른 때는 모든 노동자의 단결을 호소하는 식의 편의주의로 갈 수는 없는 것이다. 이런 '우리 안의 균열'을 극복하는 과제가 긴급하다.

둘째, 여러 불평등 의제가 점점 더 활발히 공론화, 정치화됨에 따라 '교차성'이라는 전략적 난제를 어떻게 풀 것인가라는 질문의 중요성이 커지고 있다. 계급 구조의 변화와 복잡성 증대에 대한 대응이라는 문제에서 더 나아가, 젠더, 세대, 기후, 성소수자 이슈 등 여러 축이 가로지르는 교차 균열과 복합 갈등의 상황이 빠르게 부상했다.

여러 균열의 선이 서로를 가로지르며 엉클어져 이 사회가 명시적이거나 잠재적인 갈등들로 가득 차 있는 상태다. 고소득과 저소득, 정규직과 비정규직, 자가 보유와 임대 생활, 서울과 지방 거주자, 반성장론자와 성장론자, 페미니스트와 그 적대자 또는 회의론자 등 많은 이슈에서 적대의 전선이 생겨난다. 이중 어느 한 축에서 동지인 사람이 다른 축에서도 동지라는 보장은 전혀 없다. 그래서 모든 사회적 연대는 불안하고 잠정적이다.

진보 정치의 도덕적 이상은 이 모든 이슈에서 개혁적 태도를 보이는 것일 터이다. 하지만 그처럼 모든 진보성의 교집합 영역에만 색칠한다면 자칫 진보 정치의 구성원을 너무나 협소하게 할 수 있다. 반자본주의자이고, 페미니스트며, 생태주의자·채식주의자·평화주의자인 사람이 대한민국 시민 중에 몇 퍼센트나 되겠는가?

이런 상황에서 모든 면에서 진보주의를 요구하는 최대 강령 전략으로 최소 동맹을 구성할 것인가, 아니면 큰 틀의 가치 합의를 요구하는 최소 강령 전략으로 최대 동맹을 구성할 것인가라는 딜레마가 발생한다. 이 딜레마를 넘기 위해 장기적으로 상호 이해와 계몽으로 나아갈 연대의 이념, 문화, 정치가 어떤 것이어야 할지 고민되는 지점이다.

진보의 저수지 넓어졌지만

셋째, 이제 '진보 진영'이 진보적 가치, 담론, 의제를 독점할 수 없는 현실이 되었다. 진보 운동과 정치 세력이 오랫동안 주창해 온 진보적 가치가 점점 더 많은 사람에게 받아들여지면서, 우리 사회의 제도 중심부가 점차 빈곤, 불평등, 기후, 장애인 인권, 성소수자 등 사회적 이슈들에 개입하고 많은 자원을 투입하기 시작했다. 역설적으로 진보적 가치의 확산과 제도적 수용이 진보 진영의 입지를 축소하고 있는 것이다.

사회학자 피에르 부르디외Pierre Bourdieu의 관점에서 말한다면, 정치·경제·문화적인 장의 제도적 중심부가 도덕적 존경과 공감이라는 상징 자본까지 장악하는 과정이 진행되는 셈이다. 이에 따라 제도 권력의 주변부에 있는 진보 세력은 '진정한 진보'를 외쳐야 하는 상황에 직면하고, 자신들만이 진보라는 간판을 내걸고 진보적 실천을 수행할 자격이 있다고 믿는 독선적 집단처럼 비칠 위험이 커졌다.

정부와 지자체, 대기업의 '사회적 가치' 추구는 실체적인 제도나 기관의 설립으로 이어지기도 한다. 과거 박원순 서울시를 필두로 전국 각지에서 확대되었던 협치 기구와 공익 활동 지원 프로그램이 그 예다. 또한 대기업들이 'CSR'(기업사회공헌), 'SDG'(지속가능발전), 'ESG'(환경·사회·거버넌스) 캠페인을 벌이고 재단을 만들며 시민사회 공익 활동을 지원한다. 공공과 기업의 이런 활동에 대한 시민들의 신뢰와 호감은 증가하는데, 시민 단체와 노동운동에 대해서는 그 반대 추세다.

'어느 정도' 진보인 민주당의 양면성

넷째, 시민사회와 정당정치의 영역에서도 진보의 지형도가 변했다. 시민사회에서 '운동권'의 영향력이 약화한 지는 오래다. 하지만 이것이 곧 시민 활동 자체의 위축을 뜻하진 않는다. 지금 과제는 막연하게 죽은 시민사회를 살리는 일이 아니라, 과거와 다른 방식으로 참여하는 시민들과 소통하는 새로운 문화적 코드를 자리 잡게 하는 일이다.

정치에서도 민주당이 진보의 의제와 담론, 전문가 집단을 흡수해 온 과정이 있다. 민주당에 진보라는 명칭이 붙는 것을 용납할 수 없는 사람도 있고, 그런 생각에 타당성이 없지 않다. 하지만 가치와 이념 성향이 진보적인 시민의 다수가 오늘날 민주당을 지지하고 있는 것이 엄연한 현실이다. 민주당 지지자의 이념 성향은 정의당 지지자의 이념 성향보다 덜 진보적이지 않으며, 때론 더 진보적이기까지 하다. 이제 민주당이 최소한 '어느 정도' 진보적인 정당이라고 생각하기에 민주당을 지지하는 많은 시민이 있는 것이다.

이러한 모든 변화의 함의는 양면적이다. 한편으로 진보 정치의 의제와 주체가 다변화하고 진보적 가치가 정부, 기업, 시민과 주류 정당에까지 확산한 측면이 있다. 다른 한편으로, 그것은 이제까지 '진보 진영'으로 불렸던 단체와 세력이 새로운 현실에 능동적으로 적응하고 혁신해야 할 시대의 압력이 그만큼 커졌다는 뜻이기도 하다. 정부, 기업, 주류 정당은 필요할 때 진보적 의제를 쥐었다가 부담스러우면 버릴 수 있다. 그래서 진보주의 세력의 자기 혁신과 성공은 어렵더라도 반드시 이뤄져야 하는 시대적 과제다. 우리 사회의 다양한 사람들과 협력의 틀을 넓혀가면서 진보적 가치의 깊이를 더해갈 수 있는 변화의 과정이 필요한 것이다.

키워드 9　민주주의와 자유
키워드 10　정치의 책임과 정당성
키워드 11　보수와 진보

키워드 12　제3지대와 회색지대

한국 정치의 역동성과 '제3지대'

이세영

신진욱의 질문 2022년 치른 두 차례의 전국 선거에서 유권자의 선택은 국민의힘과 더불어민주당이란 거대 양당으로 양극화되는 양상을 보였다. 돌이켜보면 한국 정당정치에 역동성을 부여하고 성과를 냈던 시기의 국회는 여소야대 다당제였다. 하지만 이제 제3당의 존재감은 거의 느껴지지 않는다. 한국에서 제3지대라는 정치 공간은 사라졌는가?

숫자 '3'은 완전함의 상징이다. 기독교의 신이 성부·성자·성령의 세 위격을 지니는 것이나, 근대 이후의 사법 판결이 3심제로 운영되는 것도 이런 3의 의미 작용과 관련 있을 것이다. '삼단논법', '삼두정치', '삼권분립'의 3 역시 마찬가지다. 동시에 3은 불확정성의 기표다. 양자 관계의 상징인 '2'가 대면적 직접성을 특징으로 한다면, 3은 그 직접성의 경계를 넘어선 미지와 불확실의 영역이다. '제3의 인물', '제3의 공간'에서의 3이 그런 경우다. 이제는 정치권 용어로 정착한 '제3지대'는 또 어떤가.

독자성·지속성 결핍한 정치적 잔여 공간

2020년 총선과 2022년 대선의 특징 가운데 하나가 '제3지대의 소멸'이란 사실엔 별다른 이견이 없다. 국민의당의 교섭단체 진출을 두고 '제3지대 확장'을 입에 올린 게 2016년 총선 직후였던 점을 떠올리면, 5년 안팎의 변화치고는 그 폭이 가파르다. 한국에서 '제3지대'라는 용어를 대중화한 공의 8할은 KBS가 1998년 방영을 시작한 텔레비전 다큐멘터리로 돌려야 한다. 〈현장 르포 제3지대〉라는 타이틀로 2005년까지 방영된 이 프로그램은 직업과 취향, 삶의 방식이 다양한 이들의 일상을 꾸밈없이 담아내 두꺼운 마니아 시청층을 확보했다. 여기서 말하는 '제3지대'란 마이너리티 인생들의 다채로운 삶이 펼쳐지는 뒷골목 신세계, 사회문화적 틈새 지대를 의미했다.

제3지대가 정치권 언어로 용례가 확장된 건 2006년 무렵이다. 그즈음 '100년 정당'을 표방했던 열린우리당이 실정과 내분으로 자멸의 길에 들어섰다. 범여권에 떠도는 정계 개편 시나리오의 하나로 '제3지대 신당 창당론'이 주목받기 시작했는데, 한 언론은 이를 "민주당의 정체성과 역사성, 정통성을 유지한 가운데 열린우리당, 민주당, 고건 전 총리 등 범여권 세력이 제3지대에 일제히 헤쳐모여 신당을 만들자는 게 골자"라고 소개했다. 일체의 기득권도 인정하지 않는 정치적 중립지대를 뜻하는 단어가 제3지대였던 셈이다.

이처럼 정치 공간으로서 제3지대는 지속성을 지닌 채 스스로를 재생산하는 독자적이고 안정적인 권역과는 거리가 먼, 부단한 확장과 축소를 반복하되 유력 진영 어디에도 포획되지 않는 잔여 공간에 가깝다. 강력한 두 중심 사이에 존재하는 힘의 진공 구역이자 이념의 무중력 지대, 변경과 변경이 만나 어느 세력도 영유권을 주장할 수 없는 주권의 공백 지대가 제3지대인 셈이다. 한국 정치에서 그것은 '가능성'의 형태로 존재하다가 일정한 조건이 충족되면 어김없이 실체를 드러내는데, 대체로 그 시기는 거대 양당이 주도하는 정당 시스템에 유권자 집단의 염증이 커지거나, 기성 정당 체제에 속하지 않는 새롭고 매력적인 지도자가 대중의 환호 속에 등장하는 때다.

정치학자 박상훈은 한국 정치에 제3지대가 형태를 바꿔가며 꾸준히 지속될 수 있었던 배경을 사회경제적 균열과 정치적 갈등 구조 사이의 불일치에서 찾는다. 급격한 산업화와 더불어 사회경제적 갈등은 다원화되고 복잡해졌는데, 갈등을 담아낼 정당 간 경쟁 구조는 1960년대 말에 얽매인 탓에 기존 정당 체제가 포괄하지 못한 '대의의 공백 지대'가 생겨났다는 것이다.

중도우파의 공간 재편하려던 정의당

한국 현대 정치사에서 제3지대는 대체로 중도우파의 공간이었다. 그 공간을 주도하는 세력은 이념적 스펙트럼상에선 민주당

계열과 국민의힘 계열의 중간에 위치하면서 국민적 호소력이 큰 유력 대선 주자를 보유한 신생 정치 세력인 경우가 대부분이었다. 1992년 총선에서 돌풍을 일으킨 정주영의 통일국민당, 2016년 총선을 통해 등장한 안철수의 국민의당이 여기에 속한다. 두 당의 성공에는 기존 거대 양당에 일체감을 느끼지 않는 정치적 무당층의 확대, 사회경제적 불안정성 심화, 유능함과 개혁성을 갖춘 제3후보에 대한 집단적 갈망이 공통 요인으로 작용했다.

20대 대선 레이스에서 흥미로웠던 건 과거와는 다른 양상의 '제3지대 담론'이 등장했다는 점이다. 중도우파가 주도하는 제3지대론에 거리를 둬온 중도좌파 후보가 선도적으로 제3지대 연대를 제안하고 나선 것이다. 심상정 정의당 후보는 2021년 11월 22일 기자회견을 열어 "오늘부터 제3지대의 공조를 시작한다. 누구라도 시대 교체, 정치 교체의 뜻을 같이한다면 만나겠다"고 했다. 그러면서 "이번 대선은 두 가지 메뉴 중에서만 선택을 강요당해 온 국민들이 딜레마를 해결하는 대선이 되어야 한다. 다양한 시민들의 요구가 정치의 중심으로 들어오는 다당제 책임 연정이 실현되면 시민들의 열망을 중심으로 정치 재편이 시작될 것"이라고 강조했다. 중도우파인 안철수 국민의당 후보와 김동연 새로운물결 후보를 겨냥한 정치적 구애였다.

심상정의 제안엔 막다른 골목에 몰린 '대선 3수생'의 절박한 위기의식이 담겨 있었다. '역대 최악의 비호감 대선'이란 말이 회자될 만큼 거대 양당 후보에 대한 반감이 극에 달했지만, 정의당을 위시한 군소정당 후보들은 과거 같은 반사이익조차 누리지 못했다. 유권자 다수는 거대 양당뿐 아니라 제3지대를 배회하는 세력들의 실력과 진정성에도 별다른 신뢰를 갖지 않았다. 결국 '이러다간 정치적 존재감 자체가 사라져 버릴지 모른다'는 극심한 불안이 민주당의 우경화를 비판해 온 진보 정당 후보에게 민주당보다 오른쪽에 있는 우파와의 제휴까지 모색하게 했다.

불행히도 반향은 없었다. 김동연이 가장 먼저 이재명과 손잡았다. 얼마 안 가 안철수도 윤석열 품으로 투항했다. 제3지대에 끝까지 남아 레이스를 완주한 심상정은 80만 3,358표를 얻는 데 그쳤다. 5자 구도로 치른 5년 전 대선 득표(201만 7,458표)의 절반에도 못 미치는 성적이었다. '양당 체제 종식'이란 슬로건을 앞세우고 '제3지대의 진보적 재편'을 꿈꿨던 심상정과 정의당에 최종 득표율 2.37%는 민망한 수준을 넘어 파산과 몰락에 가까운 숫자였다.

제3지대 공간 열리는 시나리오는 '민주당 분열'

물론 안철수, 김동연의 투항과 심상정의 실패가 제3지대라는 정치 공간의 소멸을 뜻하는 건 아니다. 한국 현대 정치사를 보면, 현실 정치의 영역인 제3지대가 붕괴하더라도 정치적 가능성의 공간인 제3지대는 지속적으로 살아남았다. 경쟁적 정당 시스템이 존재하는 한 양당제가 포획 불가능한 잔여 지대는 항상 존재할 수밖에 없기 때문이다. 문제는 제3지대의 봉인이 풀리더라도 그 공간을 일굴 동력과 모멘텀이 만들어지는 정치적 프로세스는 민주화 이후 30년의 경로 의존성을 벗어나기 쉽지 않다는 점이다.

한국 정치사에서 제3지대가 유의미한 정치 공간으로 기능했던 시기는 대체로 그것이 거대 양당의 한쪽이 연루된 정계 개편과 연동되었을 때다. 김종필의 자유민주연합, 안철수의 국민의당도 그랬다. 자민련은 1990년 3당 합당으로 보수 집권 연합에 참여했으나 영남 세력과의 주도권 경쟁에서 패한 뒤 이탈해 독자 생존에 성공했다. 충청이란 지역 기반을 보유했기에 가능했던 일이다. 국민의당은 리버럴의 하위 파트너가 되기를 거부하고 민주당을 이탈한 호남 세력이 안철수라는 중도 성향 대선 주자의 1인 정당과 통합해 정치적 지분 확보에 성공한 케이스다.

현실 정치 영역에 제3지대의 공간이 다시 열린다면 가장 유력한 시나리오는 170석 거대 야당인 민주당이 총선을 앞두고 분열하는 것이다. 그 균열이 친이재명과 반이재명 사이에 형성될지, 강경파와 온건파 사이에 만들어질지는 현재로선 예단하기 어렵다. 하지만 2022년 8월 전당대회를 치르는 과정에서 반목과 불신이 심화하고, 누적된 불만과 적대감이 2024년 총선을 앞두고 공천 룰 다툼으로 폭발한다면 당이 깨지는 건 순식간이다.

제3지대에 깃발을 꽂은 세력이 안정적 생존 기반을 마련할 수 있느냐는 지금까지 그래왔듯 지역 근거지와 대선 주자급 간판스타 확보 여부에 달렸다. 민주당 이탈 세력이라면 어떻게든 호남의 지지와 이재명에 필적하는 대선 주자급 정치인을 끌어안으려 할 것이다. 둘 모두를 확보한다면 차기 대선 국면까지 어떻게든 유의미한 정치 세력으로 살아남을 테지만, 둘 중 하나라도 갖추지 못하면 당장 다음 총선에서 생존을 장담할 수 없다.

돌이켜보면 한국 정당정치가 역동성을 지닌 채 가시적 개혁 성과를 확보한 시기는 1988년 총선을 통해 등장한 제13대 국회 전반기와 2016년에서 2020년에 이르는 제20대 국회 4년간이다. 두 시기 모두 다당제 여소야대 국회였다. 사실 다당 구도는 양당 구도에서 볼 수 없었던 여러 차이를 만들어 낸다. 제20대 국회만 하더라도 교섭단체 하나가 늘어났을 뿐이지만, 협상 테이블에서의 상호작용 양상은 참가자가 둘일 때와는 질적으로 달랐다. 양자 구도에선 대면하는 상대의 반응만 예측하면 되었지만, 참가자가 셋이 되면서부터는 마주 보는 상대뿐 아니라 이를 지켜보는 3자의 판단과 태도까지 계산하며 한층 복잡한 전략적 행동을 할 수밖에 없었다.

박근혜 탄핵 과정에서 민주당과 국민의당, 새누리당 비박계가 탄핵안 표결 시기를 두고 벌인 '밀당(밀고 당기기) 게임'이 대표적이다. 불과 4년 만에 강력한 양당 구도로 회귀하긴 했어도, 제20대 국회는 양당 체제였다면 쉽지 않았을 대통령 탄핵안 가결을 성사시켰고, 민주당과 군소 야당의 정치 협상 테이블인 '4+1협의체'를 통해 불가능할 것 같았던 선거법 개정안을 처리했다. 간과해선 안 될 사실은, '정치적 합의'라는 건 밥그릇 지키기에 필사적인 참가자들끼리 밥상을 엎지 않기 위해 이견을 좁히고 자기 몫을 줄여나가는 과정에서 만들어지는 타협의 결과물이란 점이다. 불완전할지언정 제20대 국회에서 다당제와 합의제 민주주의의 문법을 '선행 학습'한 것은 이런 점에서 한국 정치의 의미 있는 성과다.

거대 정당 이탈파의 '앵벌이 영업장' 안 되려면

제3지대의 빗장이 열리는 건 시간문제다. 중요한 건 그 공간을 유력 정당 이탈파들의 '앵벌이 영업장'이 아닌, 독자적 이념과 정책 대안을 갖고 거대 정당들과 대등한 경쟁을 지속적으로 펼쳐나갈 제3세력의 항구적 활동 무대로 재편할 수 있느냐다. 그러나 지금은 그 바람을 실행에 옮길 주체도 세력도 보이지 않는다. 얼마나 더 많은 시행착오와 환멸의 시간을 통과해야 할까.

전향과 적응의 회색 지대

이세영

신진욱의 질문 윤석열 정부 행정안전부 경찰국 초대 국장이 과거 노동운동 동료들의 정보를 경찰에 넘기고 경찰에 특채되었다는 의혹이 불거져 논란이 인 바 있다. 기실 '전향'은 정치권에서도 민감한 주제다. 정치인이 자신의 사상과 신념을 바꾸는 것을 어떻게 평가해야 할까?

> 견고한 모든 것은 대기 속에 녹아 사라지고, 신성한 모든 것은 더럽혀지며, 인간은 마침내 자신의 진정한 생활 조건에, 그리고 타인과의 관계에 냉정하게 직면하지 않을 수 없게 된다.[×]

현대인이 된다는 건 단단한 전통의 지반을 떠나 일렁이는 변화의 물결에 온전히 제 한 몸 내던지는 것이다. 어제의 진리가 오늘의 억견이 되고, 천년을 이어온 신앙고백은 동어반복의 주술呪術로 전락하는 세계에서 신념과 사상을 지키며 산다는 건 무모하고 절망적인 자기 위안에 가까울지 모른다. '전향'의 문제가

× 카를 마르크스, 《공산당 선언》 중에서

간단찮은 것도 이 때문이다. 신이 떠나버린 세계에서 전향은 불가피하다. 복수의 이념이 진리를 자처하며 경합하는데 무엇이 참인지를 분별해 줄 최후의 보증자가 없다면, 조건과 상황에 따라 신념을 바꾸는 건 더는 비난받을 일이 아니기 때문이다.

석연찮은 김순호의 '전향 전후'

행정안전부 초대 경찰국장 김순호의 '전향 전후' 행적을 두고 논란이 뜨거웠다. 김순호는 자신을 겨냥한 '프락치 의혹'을 부인하며 자기 행위가 '배신'이나 '변절'이 아니라, 주체사상에서 자유민주주의로의 '사상적 전향'임을 반복해 강조했다. 실제 급진적 사회 변화를 추구하던 비합법 조직의 핵심 활동가였던 그가 체제 수호의 첨병인 공안 경찰로 변신한 것은 어쨌거나 전향의 사전적 정의에 부합한다. 그가 공안당국의 사주를 받고 운동권 조직에 침투한 밀정이었다거나, 조직의 정보를 넘기는 대가로 경찰에 특채되었다고 볼 만한 물증은 나온 게 없다. 다만 김순호가 경기도 부천에서 '인천·부천지역민주노동자회'(인노회)의 핵심 간부로 활동하다 1989년 잠적한 뒤 경찰에 특채되었고, 잠적을 전후해 인노회 조직원들이 대거 경찰에 검거되었다는 사실은 그의 전향이 순수하게 사상적인 차원에만 머물렀다고 보기 어렵게 한다.

'전향'이란 어휘가 우리말 체계에 들어온 건 일제강점기인

1930년대다. 급진주의자(사회주의자)가 자신의 신념과 사상을 포기하고 체제가 공인하는 사상을 받아들이는 행위를 지칭하는 일본말 '덴코轉向'에서 유래했다. 전향이란 행위 자체가 현대성의 산물이었음을 말해준다. 그렇다고 우리 역사에 전향이라 이를 만한 사례가 없었던 것은 아니다.

> 애당초 그것(서학)에 물이 들었던 것은 아이들 장난과 같은 일이었으며, 지식이 성장한 뒤에는 그것을 적이나 원수로 여겨, 알기를 분명히 하고 분변分辯하기를 더욱 엄중히 하여 심장을 쪼개고 창자를 뒤져도 실로 남은 찌꺼기가 없습니다. 그런데 위로는 임금에게 의심을 받고 아래로는 당세當世에 나무람을 당하여 입신한 것이 한 번 무너짐에 모든 일이 기왓장처럼 깨졌으니, 살아서 무엇 하겠으며 죽어서 장차 어디로 돌아가겠습니까. 신의 직을 체임遞任(벼슬을 갈아냄)하시고 내쫓으소서.[×]

전향의 진실성 입증하려던 정약용의 몸부림

1797년 동부승지에 임명된 정약용이 임금에게 올린 글이다. 곡진한 소疏의 형식을 취했으되, 실상은 '사상 전향서'였다. 조정을 장악한 노론 벽파가 왕의 친위 세력인 시파를 견제하려고 무리

× 《조선왕조실록》 정조 46권, 21년(1797년) 6월 21일 두 번째 기사.

의 신성 격인 정약용 가계의 천주교 이력을 집요하게 공격하자, 정약용으로선 자신의 정치생명은 물론 일가의 목숨까지 위협할지 모를 '사상 문제'를 차제에 정리해 둘 필요가 있었다.

엄밀히 따져 정약용의 사례는 '전향'보다는 '배교背教'라 이르는 게 합당할지 모른다. 하지만 배교와 전향엔 공통점이 있다. 갈아치우는 대상이 사상이든 종교든, 그 행위가 과거의 급진적 신념(정약용 시대에 천주교는 체제의 존립을 뒤흔들 수 있는 불온사상이었다)에 대한 전면적이고 극단적인 부정의 형태로 드러난다는 사실이다. 1800년 후견자였던 정조가 죽자 정약용은 다시 한번 옥사(신유박해)에 휘말리는데, 이때엔 형인 약전·약종과 함께 혹독한 추국을 당하며 죽음의 문턱까지 갔다. 그는 과거의 행적과 사상을 거듭해 부정하며, 배교를 거부한 형 약종을 비난하고 자신에게 영세를 준 매형 이승훈을 저주했다. 심지어 천주교도 색출법을 자청해 조언하기까지 했다. 전향의 진실성을 입증하려는 처절한 몸부림이었다.

전향자들에게서 빈번하게 관찰되는 변신의 극단성은 우리에 앞서 사회주의자들의 광범위한 전향을 경험한 일본이나 미국 사례에서도 확인된다. 1930~1940년대 일본 공산당 지도부의 상당수는 사회주의혁명 노선을 포기하는 데 머무르지 않고, 천황제 파시즘의 열광적 지지자가 되었다. 미국 네오콘의 핵심으로 꼽히는 라이어널 트릴링Lionel Trilling, 어빙 크리스톨Irving Kristol은 젊은 시절엔 극좌 트로츠키주의자였다. 이명박·박근혜 정부 시절 북한 체제와 학생운동권 출신 야당 정치인들에게 유난스

러울 만큼 강한 적대감과 공격성을 표출한 뉴라이트도 전향한 주사파들이었다.

이 극단성은 '자기 정체성에 대한 확인 욕구'의 산물로 설명되곤 한다. 변신에 따른 심리적 불안정을 메우려 과거의 대극에 있는 신념·사상을 취하게 되고, 자신이 속했던 집단에 대해서도 한층 공격적인 행동을 보이게 된다는 것이다(남로당 전향자 출신 박정희의 이후 행적이 대표적이다).

진보·리버럴 진영이 전향에 대해 갖는 부정적 태도는 전향자들의 행동 유형이 드러내는 극단주의 때문만은 아니다. 여기엔 독특한 한국적 맥락이 있는데, 한 사람이 정치적 신념이나 정체성을 바꾸는 행위는 그것이 강압의 산물이든 시대적 순리를 좇는 결단이든, 그 자체가 윤리적으로 떳떳하지 못한 행위로 여겨졌다. '지조'를 지식 분자의 덕목으로 떠받드는 유교식 '의리 정치'의 유산이었다. 이 점은 정치인이 추구하던 가치나 이념, 소속 집단을 바꾸는 행위를 '철새'라는 멸칭으로 비난해 온 한국의 정치 문화에서도 확인된다. '한국적 정치 모럴'의 의미망 위에서 전향이란 어휘에 할당된 위치는 '변절'이나 '배신'과 멀리 있지 않았다.

조용하고 자연스러웠던 86세대의 전향

문제는 정치인의 전향을 지조 없는 개인의 처신 문제로 접근하는 것이 정치를 사사화私事化하고, 한국 정치를 움직여 온 역사적·구조적 요인을 간과하게 한다는 데 있다. 한국 엘리트 집단의 특징은 내부를 가로지르는 수평적 동질성이다. 봉건적 신분질서의 급격한 해체에 이은 식민 통치와 농지개혁, 내전을 경유하며 한국의 계급은 사실상 '가루'가 되어버렸는데, 이렇게 파편화되고 하향 평준화된 계급 구조는 한국 엘리트 집단을 강한 정서적·계층적 동질성으로 묶어놓았다.

특히 명문 중·고교와 대학 교육을 통해 만들어진 엘리트들의 (지연과 결합한) 학연 네트워크의 구실은 결정적이었다. 사회·정치 질서의 급격한 변동 속에 보수적 지배 엘리트와 저항 엘리트 집단 간 비공식 교류와 공식적 위치 이동의 상례화를 만들어 냈기 때문이다. 박정희 집권기에 이뤄진 혁신계의 집단 전향, 4·19 세대와 6·3 세대의 점진적 체제 내화도 이런 한국적 배경 아래서 가능했다.

이런 한국적 상황은 19세기 리소르지멘토Risorgimento(국가 통일 운동) 시기 이탈리아 정치에서 나타난 '변형주의'(Trasformismo)를 여러 측면에서 떠올리게 한다. 당시 이탈리아의 개혁은 좌익 계열 유력 정치인들이 진영을 옮겨 집권 세력에 참여하는 방식으로 점진적으로 이뤄졌는데, 이는 1987년 민주화 이후 한국 정치에서 나타난 흐름과도 유사하다. 대표적 사례가 1990년 3당 합당으로 현실화된 군부 주도 보수 세력과 영남에 기반을 둔 리버럴 온건파의 연합이다. 30여 년에 걸친 군인 통치에 실질적 마침표를 찍은 것은, 역설적으로 선명 노선의 김대중이 아니라 집권을 위해 군부와 손잡은 온건파 리버럴의 수장 김영삼이었다.

의미 있는 전향의 또 다른 주인공은 '86세대'로 불리는, 1980년대 전투적 학생운동 경험을 공유한 고도로 정치화된 연령 집단이다. 이들은 전향 주사파와 보수 언론으로부터 주기적인 사상 공세에 시달렸는데, 이 집단의 주류가 한동안 김일성 주체사상에 경도되거나 북한발 민족주의로부터 직간접적 영향을 받았던 건 부인할 수 없는 사실이다. 정치권으로 진출한 일부는 2010년을 전후해 리버럴 세력의 중추로 자리 잡았고, 또 다른 일부는 시장의 문법에 신속하게 적응하며 경제·문화 자본의 점유 지분을 빠르게 불렸다. 이제는 정치사회적 주류의 지위를 확보한 이 집단에, 젊은 시절 든든한 '민주의 기지'라 여겼던 북한은 '달래고 구슬려 시장에 편입시켜야 할 특수 관계국', '긴밀히 관리해야 할 리스크 요인'일 뿐이다. 과정이 조용하고 점진적이고 자연스러워 누구도 관심을 두지 않았을 뿐, 그들의 전향은 오래전에 이미 완성되었다.

전향이 이슈가 되는 건 그것이 상례가 아닌 예외인 경우다. 그러나 21세기 한국에서 전향은 리버럴의 주류가 된 86세대에서 보듯 더는 드물거나 예외적인 사태가 아니다. 정확히 말하면, 분단과 전쟁이 강제한 이념적 대결주의, 양극화된 사회체제가 빚어낸 정치적 부족주의(국가 전체보다는 스스로 동일시하는 정치 집단에 극단적 충성심을 보이는 정치 성향—편집자 주)에 가려 있었을 뿐, 근대 이후 한국에서 전향이 상례가 아니었던 적이 없다. 더구나 지금의 인류는, 마르크스가 《공산당 선언》을 쓰던 19세기 중반과는 질적으로 다른 수준의 급진적 변화를 마주하고 있다. 지그문트 바우만Zygmunt Bauman의 표현을 빌리면, 사상 최초로 변화 자체를 삶의 영구적 사태로 받아들여야 하는 상황, 변화가 유일한 영원성이요 불확실성이 유일한 확실성인 '액체 현대'를 살아가는 것이다.

그러니 우리,
전향을 묻지 말자

이 가파르고 멀미 나는 후기 현대의 변화무쌍함 앞에서 우리는 전향에 대해 담담하고 관대해질 필요가 있다. 문제는 이제 전향이 아니다. 비판받아야 할 것은 전향을 강요하는 권력이요, 자기 전향의 진정성을 공인받기 위해 타인의 전향을 끊임없이 의심하게 하는 '진정성의 폭력'이다. 그러니 우리, 전향을 묻지 말자. 부단한 전향 속에 사는 건 당신도 우리도 매한가지 아닌가.

에필로그

예정되지 않은 미래를 향한 희망

신진욱

이세영 기자와 내가 황예랑 《한겨레21》 전 편집장과 함께 '정치부 기자와 정치사회학자'의 연재물을 구상하기 시작한 것은 2021년 가을이었다. 다음 해 초부터 1년 동안 글을 썼는데 그사이에 한국과 세계 정치에 많은 중대 사건이 일어났다.

세계적으로는 무엇보다 러시아의 우크라이나 침공이 유럽과 미중 관계, 동아시아 역학에 큰 변화와 불확실성을 가져왔다. 이 상황은 또한 팬데믹 완화 이후 세계경제의 회복과 기후 위기 대응을 위한 국제 협력에도 악영향을 미쳤다. 이런 현실은 '글로벌 복합위기'(global polycrisis)의 상황으로 집약된다. 전쟁, 경제난, 불평등, 자연재해, 민주주의의 퇴행 등 여러 위기가 지구적 범위에서 동시에 격화되어, 서로 영향을 주고받으면서 상황을 악화시키고 있다는 것이다.

우려스럽게도 불과 몇 년 사이에 그러한 다중 위기의 소용돌이가 가속화하는 중이다. 세계경제의 신보호주의와 미중 패권 경쟁이 강화되었고, 지정학적 긴장과 군사적 충돌 위험이 고조되었으며, 기후변화와 지구 생태계 붕괴로 인류는 대재난에 바

짝 다가왔다. 하지만 이런 여러 문제를 해결할 민주주의 정치는 작동하지 않고, 그 대신에 불안에 처한 사람들의 증오를 페미니스트, 동성애자, 이주자, 난민 등 표적화된 집단에 돌려 정치적 이득을 취하는 선동 정치가 득세하고 있다.

특히 한반도와 동아시아에서 민주주의와 평화, 사회적 연대, 그리고 생태적 지속 가능성은 심각하게 위협받고 있다. 냉전기의 이념 진영 간 대립과는 결이 다르지만, 북중러와 한미일 간의 대립 구도가 점점 뚜렷해지고 있어 한반도를 무대로 하는 판의 충돌이 일어날 위험이 커지고 있다. 또한 경제적 상호 의존성은 국가 간 협력을 높이고 전쟁 가능성을 낮춘다는 자유주의적 낙관은 현실적 토대가 약해졌다. 나아가 시진핑, 김정은, 기시다, 윤석열 등 현 동아시아 리더 중에 민주·평화·연대·생태적인 미래 프로젝트를 구상하고 추진할 사람은 어디에도 보이지 않는다.

현실은 불행히도 그러한 희망과 정반대다. 근대 세계사에서 우리는 국가 간의 긴장 고조가 각 사회에 극단주의와 폭력을 강화하고 평화기의 사회적 가치들을 위축시킨다는 사실을 배웠다. 동아시아 각국에선 군사력 강화와 안보 동맹, 사회통제를 지지하면서 민주주의와 인권, 헌법적 가치들의 중요성을 낮추는 경향이 강화될 것이며, 이 과정에서 정치인들은 물론 적잖은 진보주의자들이 방향을 잃고 잘못된 길을 갈 것이다. 우리는 물질적 위기뿐 아니라, 정신적 도전에도 직면해 있다.

국내적으로는 윤석열 정부가 출범하고 지방선거에서도 국민의힘이 12개 광역단체장을 석권함으로써 중앙과 지방의 권력 지형이 모두 급변했다. 문재인 정부와 민주당에 대한 비판적 성찰과 혁신이 시작되기도 전에, 새 권력자들에 의한 거대한 퇴행이 밀려와 덮쳤다. 불행히도 한국 정치는 세계와 동아시아가 중대한 복합 위기에 놓인 지금, 이에 효과적으로 대처할 능력을 갖추고 있지 않다.

대통령과 정권 핵심은 국내외적인 국정 현안들을 이해하고 정치적 비전을 제시할 리더십을 보여주지 못하여 다수 국민에게 신뢰와 인정을 받지 못하고 있다. 또한 검찰, 경찰, 국가정보원 등 국가 강제 기구가 핵심 통치 수단으로 부상함에 따라, 사회의 여러 목소리를 공적 무대에 드러내어 조정한다는 정치 본연의 의미는 실종되었다. 시민들의 자유로운 활동과 공론이 사라진 자리에는 감시하고, 수사하고, 감금하고, 처벌하는 국가가 칼을 꽂고 서 있다.

리바이어던의 검劍이 우리 사회가 직면한 국내적·국제적 복합 위기를 해결할 지혜를 갖고 있지 않다는 것은 분명하다. 그러나 현 상황의 최종적인 비극은, 이 무도한 검의 지배를 넘어서는 길을 이끌 정치적 리더십과 사회적 동력이 적어도 아직은 보이지 않다는 데 있다. 민주당은 정권 교체의 원인이 된 신뢰 상실의 문제를 아직 해결하지 못했고, 시민사회 역시 많은 시민의 응원과 참여를 토대로 하는 강력한 행위자로 등장하지 못하고 있다.

이런 상황에서 어설픈 지성의 낙관은 문제를 타개하는 데 도움이 되지 않을 것이지만, 의지의 낙관을 가능하게 하는 현실적 근거는 없지 않다. 이 책의 부제가 암시하듯이, 그리고 프롤로그에서 이세영이 설명했듯이, 민주화 이후 한국의 제도 정치와 시민정치는 열광과 환멸이 반복되는 몇 번의 주기를 겪어 왔다. 지금 우리는 그 어느 저점邸店에 서 있지만 이 시간이 영원하진 않을 것이다.

거시경제에만 장기 파동 곡선이 있는 것이 아니다. 민주주의와 인권, 평등과 평화의 역사를 연구한 세계의 많은 학자는 마치 파도처럼 오르내리는 사이클 형태의 장기 역사를 발견하곤 했다. 세계적인 민주화와 독재화의 물결들이 교차하며 일렁였고 평등과 격차, 국가와 시장 사이에 진자 운동이 계속되어 왔다. 개인의 삶이 어느 역사적 순간에 위치하느냐는 그의 운명이지만, 집단적인 노력은 때론 역사의 파도를 움직일 힘을 창출할 수 있다.

지금 한국 사회는 한편에서 거대한 후퇴가 진행되고 있고 이에 대한 광범위한 불만과 저항이 저변에 끓고 있지만, 다른 한편으론 지금까지 민주, 인권, 진보를 주창해 온 세력들에 대한 대중의 불신과 회의가 높은 벽을 쌓고 있는 형국으로 보인다. 그래서 전면적인 반동도, 능동적인 행동도 일어나지 않는 교착 상태가 지속되고 있다. 그래서 지금 어쩌면 우리는 갈 길을 모르는 무력감 속에 서성이고 있을지 모른다. 하지만 한국 사회는 이런 정지 화면에 계속 머물러 있지 않을 것이다.

30년 전, 특별히 기념할 것도 없는 어느 평범한 날에 나는 친구 이세영을 꼬드겨 무작정 시외버스에 올라타 강화도로 향했다. 석모도의 손님 없는 주점에서 우리는 몇 시간 동안 낮술을 마시며 노래를 부르다 취한 몸으로 돌아왔는데, 이날 뭔가 깊은 불행감과 억눌린 희망이 뒤섞인 채 부른 노래가 있다. 정태춘·박은옥이 1993년에 발표한 〈92년 장마, 종로에서〉라는 제목의 곡이다.

두 사람은 이 곡에서 이제 다시는 종로에서 깃발 든 군중도, 기자들도 기다리지 말라고 노래한다. 장맛비에 젖은 거리에서 사람들은 제각기 갈 길을 가고, 그렇게 한 시대도 흘러간다. 하지만 두 사람은 계속 노래한다. 비가 그치고 파란 하늘이 열리면, 구로공단과 봉천동 산동네에서, 삼각산과 세종로에서, 절망으로 무너진 가슴들이 다시 일어설 거라고, 새로운 시대가 후여, 깃을 치며 하늘 높이 다시 날아오를 것이라고 말이다.

이 노래는 민주화 이후 첫 대선에서 80년 광주 학살의 주역인 노태우가 당선되어 신군부가 권력을 연장한 정치 상황에서 나왔다. 나아가 '91년 투쟁'으로 불린 일련의 정치적 격동은 민주화 이후 지배 권력의 헤게모니가 오히려 확장되었음을 확인시켜줬다. 명지대 1학년생 강경대가 등록금 인상 반대 집회에서 사복 경찰들의 구타로 사망한 사건이 그 촉발제였는데, 서울 도심에서 몇 달간 군부 정권 타도와 백골단 해체를 외친 수만의 외침은 그보다 훨씬 많은 국민의 침묵에 부딪혀 힘없이 흩어졌다.

그해 봄에는 참 많은 사람이 죽었다. 백골단에 맞아서 죽고, 최루탄에 질식해서 죽고, 경찰에 조사받다 죽고, 그 원통한 죽음들에 항의하며 죽었다. 그런 비극에 우리 사회가 어떻게 반응했는지 나는 생생히 기억한다. 학생들이 거리에서 강경대를 살려내라며 울며 호소하고 있을 때 시위대에 길이 막힌 자동차 운전사는 창문을 내리고 빨갱이라고 욕설을 퍼부었다. 명동 어느 골목에서 최루탄 연기 속에 뒹굴던 중에 어느 식당 주인이 문을 열고 '타도해야 할 건 너희들'이라고 고함치는 모습을 보았다.

하지만 그런 시대도 지나간다. 〈92년 장마, 종로에서〉가 발표되던 즈음에 많은 사람은 이 나라에서 민주주의와 인권, 노동자를 위한 시간은 영영 오지 않을 것이라며 좌절했다. 정치, 언론, 기업, 종교, 교육 등 사회 모든 곳에서 벌거벗은 힘의 논리와 물질주의가 군부 독재보다 더 견고한 지배를 세웠다고 느꼈다. 하지만 그 후 한국 사회가 얼마나 역동적으로 변했는지 우리는 알고 있다. 우리가 더 좋은 사회를 소망하는 것은 그것이 예정되어 있기 때문이 아니다. 그 소망이 우리에게 소중하기 때문이다.

열광과 환멸의 사이클은 계속된다. 하지만 다음번엔 도돌이표 같은 원환圓環의 반복이 아니라, 지금보다 더 나은 정치로 한 단계 끌어올리는 나선형의 발전을 이뤄야 할 것이다. 시간이 걸리겠지만, 조금씩 다시 '업스윙'을 해보자. 이 책을 쓰면서 나의 오랜 친구 세영과 그 꿈을 이야기할 수 있어 행복했다. 그리고 그런 기회를 주신 황예랑 《한겨레21》 전 편집장과 메디치미디어의 여러 분들께 감사한다.

한국 정치 리부트

열광과 환멸의 시대를 이해하는 키워드 12

신진욱, 이세영 지음

초판 1쇄 2023년 5월 8일 발행

ISBN 979-11-5706-288-1 (03300)

기획편집 황정원
디자인 조주희
마케팅 최재희, 신재철, 김지효
인쇄 아트인

펴낸이 김현종
펴낸곳 (주)메디치미디어
경영지원 이도형, 이민주, 김도원
등록일 2008년 8월 20일
제300-2008-76호
주소 서울특별시 중구 중림로7길 4, 3층
전화 02-735-3308
팩스 02-735-3309
이메일 editor@medicimedia.co.kr
페이스북 facebook.com/medicimedia
인스타그램 @medicimedia
홈페이지 www.medicimedia.co.kr